欠点と
くり返しくり返し
直しては進む
「幸」の道

# 幸せになる人の
# 心がけ・心がまえ

木村藤子

Kimura Fujiko

Gakken

# はじめに

## ◎著者より

本書は、これまでにいろいろな方々の相談を通して、私なりに感じ、考えてきたことを、編集者からの質問に答える形でまとめたものです。

幸せを求めるには、まず自分自身の問題、欠点やカルマに気づいて直すことです。

親子、家族、恋人、友人、仕事仲間……いずれの関係もカルマを共有する魂の修行仲間であり、この世においてお互いに切磋琢磨《せっさたくま》しながら気づきを得て、心の成長を遂げていくために出会っています。

特に、親子は同じカルマを共有するがゆえに、悩みや苦しみも共に乗り越えていかねばなりません。自分では頑張ってきたつもりでも、子供が問題を起こしてしまうとしたら、必ずと言っていいほどそこには親の心の不足、カルマが関係しています。

しかしそこで、親が自分の欠点に気づいて直すことができれば、子供も気づいて変わっていくことができます。

それこそが、カルマを克服し、「幸せロード」へと転換できる道なのです。

欠点に気づいて直すためには、なぜ問題が起きたのか、そもそものトラブルの原因はどこにあったのか、その原点に立ち返ってみる必要があります。

そこで初めて、自分の間違いや知識が足りなかったと、心の不足や至らなさに心底気づいたならば、その瞬間に非を認めて、考え方や態度を改めることができるのです。

ですから、どんなに年を取っていても、決して遅いことはありません。

そのように、欠点を直すには、まず原点に立ち返ってどこに原因があったのかを正しく理解することです。

決して他人事とせず、たとえ心苦しくとも、カルマという闇の中に潜んでいる自分自身の原因、その原点をしっかりと見つめる心がまえ、覚悟を持つことです。

どうかまずそのことを心にとめた上で、本書をお読みいただければと思います。

あなたが本当の幸せを手に入れるために、本書が少しでもお役に立つならば、これにまさる喜びはありません。

木村 藤子

## ◎編集部より

本書では、〝青森の神様〟と呼ばれ、毎日数多くの人たちの相談にのりながら、気づきと知識の大切さを説かれている木村藤子先生に、「幸せになるための知恵や気づきのヒント、日々の心がけ・心がまえ」について一問一答形式でお話をうかがいました。

主なテーマは、「人間関係の知恵」「恋愛・パートナー」「暮らし方」「生き方」で、いずれも読者の皆さんにとって関心が高いと思われる、幸福な人生を送る上でとても大切なことがらです。

木村先生には、人が幸せになるために、やらなくてはいけないこと、またやってはいけないことについて、さまざまな事例と共にわかりやすく答えていただきました。また、これまでには触れられていない、動物と人間の関係や、これからの日本人のあり方などについても、一歩踏み込んだ貴重なご意見をうかがうことができました。

木村先生が述べられているように、人間関係のトラブルや衝突だけではなく、自分では努力しているつもりでもなぜかうまくいかないことも、自分の欠点や至らなさが原因だとしたら、それに気づいて直すにはどうしたらいいか？　幸せを得るためにはどんな心がけが大事なのか？

そのための心がまえとして、木村先生が言われる「家庭や職場などの身近な人間関係は、カルマを共有する修行仲間」、そして、「欠点を直すには、問題の原点を見つめること」という捉え方、考え方は、とても重要な指針になると思います。

周囲の人との関係を見直して、素直な心で原点を見つめ、自分のどこに不足や問題があったのかを正しく理解することができれば、本当の幸せへと確実に一歩近づくことができるはずです。

木村藤子先生による渾身《こんしん》のメッセージを、ぜひあなたの心でしっかりと受けとめていただければと思います。

## 神から伝えられた
## 魂の道のり

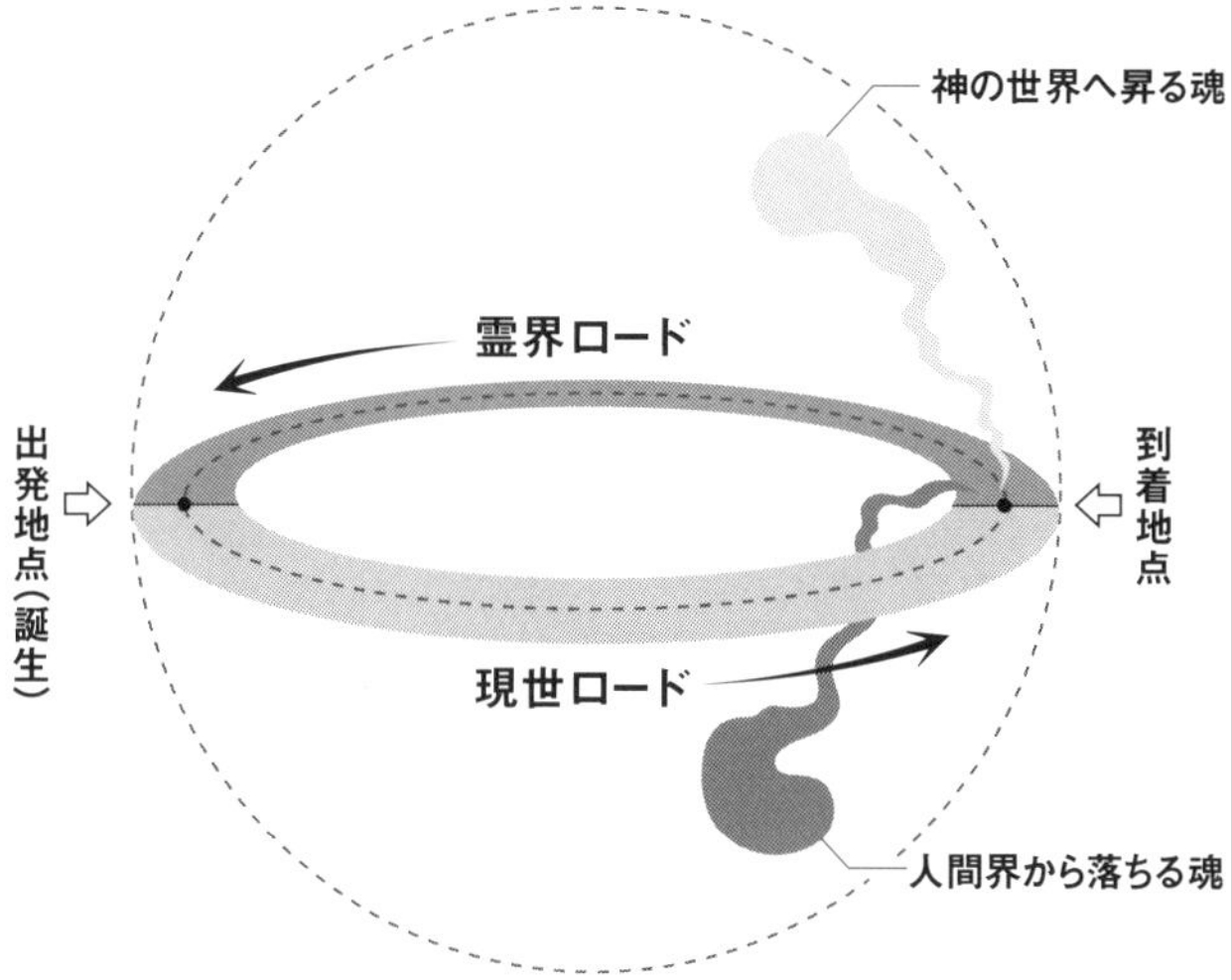

目次

はじめに　3

Part1　気づきの原点　19

後になって気づける人もいればそうでない人もいる？　20
Q01 欠点を指摘されて反発する人でもいつか気づけるのでしょうか？

透視とカウンセリングとの違いとは？　24
Q02 先生の場合は、神様から与えられた透視能力によって本人の欠点を指摘されるわけですね？

気づくためには原点で何があったのかを理解すること　28
Q03 その指摘を素直に受け入れられるかどうかが、気づけるかどうかの分かれ道になるわけですね？

理解力や判断力を養うためには幅広い知識が必要 35

Q04 知識を得ることがなぜ
心の成長につながるのでしょうか？

親子関係のアンバランスが自己の過大評価につながっている!? 39

Q05 気づきにくいのは自分のことを過大評価しているからだとしたら、
なぜ過大評価してしまうのでしょうか？

カルマを共有するがゆえの親子関係 43

Q06 親が気づかないと子供も気づかないというのは、
悪いカルマは連鎖してしまうということですか？

原点に立ち返って成長し合える関係になれれば共に幸せロードを歩める 46

Q07 自分がカルマに気づいて克服できれば
周りの人たちも幸せになれるのでしょうか？

今、特に関心がある知識とは？ 50

Q08 先生ご自身が今、
特に関心を持たれている知識は何ですか？

Part 2

# 人間関係の知恵


53

会話による意思の疎通ができないとトラブルの原因に！ 54

Q09 家庭や職場での人間関係のトラブルに悩まされている場合、その原因に気づき、直していくためには、まず、どのようなことを心がけたらいいですか？

言葉の乱れはだらしなさにつながる 57

Q10 日常生活での言葉づかいについては、どのような点に気をつけなければいけませんか？

品格とは奥ゆかしさ 59

Q11 いわゆる品格を高めていくためには、日々の生活の中で、どのような点に配慮すべきでしょうか？

引き継ぎたいマナーや良き習慣 60

Q12 マナーを身に付けていく際に、最も大切なことは何ですか？

ビジネスでもマナーがものをいう　62

Q13 仕事の面でもマナーをわきまえている人とそうでない人では違いがでますか？

失われつつある家庭の秩序　65

Q14 立場を尊重するという意味では、父親の立場もずいぶん低くなっているようですが？

だらしなさは生活全体に広がっていく　66

Q15 品格がないとどんな問題が起きやすいのでしょうか？

いじめをなくすために必要なこと　71

Q16 いじめをなくすにはどうすればよいのでしょうか？

子供の将来を見据えた幅広い知識を与えるのが親の役目　74

Q17 まず親が子供への接し方を見直してみるということですね？

Part3

# 恋愛・パートナー


独身者なら誰もが気になる〝赤い糸〟とは？ 80
Q18 運命的な〝赤い糸〟はあるのでしょうか？

うわべだけのカッコよさを気取っている若者たちの共通点 84
Q19 男女関係に関して、最近の若い世代で何か気になる傾向はありますか？

子供を甘やかす親の勘違い 88
Q20 甘やかされて育った子供はどんな問題を起こしやすいのでしょうか？

「怒鳴らなくていい、わめかなくていい、話せばわかる」 92
Q21 子供が年頃になって交際相手ができた場合、親はどんな接し方をすればよいですか？

親子関係がその後の人間関係にも影響する 94
Q22 子供の頃から親と意思の疎通ができていると、その後の恋愛関係や夫婦関係にもプラスに影響しますか？

身近な関係だからこそお互いに自分の欠点に気づける 98
Q23 親子は身近な関係だからこそお互いに気づきが得られやすいということですね？

夫婦がいつまでも円満に暮らす秘訣とは？ 100
Q24 夫婦が円満に過ごすには、お互いにどんなことを心がければいいでしょうか？

喧嘩やトラブルの原因は相手に対する知識不足 103
Q25 喧嘩をしても感情的なしこりを残さないようによく話し合うことが大事なのですね？

〝慣れの幸せ〟に流されないためのアドバイス 106
Q26 夫婦が慣れに流されないために心がけておくべき点についてアドバイスをお願いします。

Part 4

# 暮らし方


理想だけを追い求めて現実的な努力をしないのは心の未熟さ 112

27 ある程度の年齢になっても定職につけないというのは何か問題があるのでしょうか？

職場の人間関係も同じカルマを共有する修行仲間 115

28 上司との関係が悪いとの理由で会社を辞めたいと思っている人も問題はありますか？

お互いの理解と協力によって成り立つ夫婦共働き生活 118

29 共働きの夫婦の場合、どんな心がけが必要でしょうか？

不妊治療で生まれた子供と親の関係 120

30 不妊治療をいつまで続けるかはやはり当事者夫婦が決めるべき問題なのでしょうか？

親との同居生活で大事なこととは？ 122
Q31 夫婦どちらかの親と同居する場合、どんなことに心がければよいでしょうか？

いずれ行くわが道 125
Q32 年老いた親との同居生活を円満に続けるには許すことが大事なんですね？

認知症の親を介護する時の心がまえ 127
Q33 認知症の親を自宅で介護する場合、どんなことに気をつければいいのでしょうか？

老後になって我が子にしがみつかないために 130
Q34 将来子供に面倒を見てもらう親の側としては、どんな問題がありますか？

老後の生活に向けて趣味や生きがいを持つことの大切さ 133
Q35 老後の生活に向けての趣味や生きがいについて、木村先生の場合はいかがですか？

**会話を楽しめる関係と素直さが孤独を遠ざける** 136

Q36 どんな夫婦でも「いつかは独りになる時がくる」という覚悟が必要なんですね？

**老後を気の合う者同士で一緒に暮らす** 139

Q37 孤独という意味では、生涯独身のままで子供がいない人も同じことが言えますか？

**魂の縁がある動物（ペット）との触れ合い** 140

Q38 将来的にも生きがいある生活を送るために、ペットを飼うこともお勧めですか？

## Part5 生き方 145

**新たな時代を築くための新たな知識** 146

Q39 今後も社会のいろんな面で変化が続いていくのでしょうか？

**今の日本に生まれてきた意味** 150

Q40 今の日本に生まれてきたのも
それなりに意味があるのでしょうか？

**東日本大震災によって日本人が気づいたこと** 152

Q41 3・11以降、きずなや思いやりの精神が
見直されているのも意味があるわけですね？

**がんも将来的にはより効果的な治療法ができる!?** 154

Q42 がんが増えていますが、どのようなことに注意し、
心がけるべきだと思われますか？

**神様に遣わされた〝新しい風〟を起こす人たち** 158

Q43 神様は、新しい風を起こす人たちの
手助けをされているのでしょうか？

「神様」は信じる理由や出来事があった時、心から信じられる 160
Q44 特定の信仰を持っている人の方が
それを実践しやすいということはありますか？

動物と人間の間でも魂は転生する！ 165
Q45 人間と同じように動物も、死後、
あの世で魂として生き続けているのでしょうか？

今、この瞬間にでも気づけば運命は変えられる！ 166
Q46 改めて「今、なぜ気づきが大切なのか？」
について教えていただけますか？

幸せへとつながる道 173
Q47 今苦しんでいる人も、カルマに気づけば
その壁を乗り越えられるということですね？

あとがき 178

Part 1

# 気づきの原点

## 後になって気づける人もいればそうでない人もいる

Q 01

毎日いろいろな方々の相談に応じられている中で、時には欠点を指摘されて反発する人もいるかと思いますが、そのような人でもいつか気づけるのでしょうか?


相談に来られる方々の反応はさまざまです。

なかには、一度相談に来られて、その時には気づけなくても、何年か後になってご自身の問題に気づかれて、お礼のお手紙をくださる方もいらっしゃいます。

最近の例ですが、娘さんが精神バランスを崩していたある親御さんからいただいた手紙には、次のように書かれていました。

「ご相談にうかがった際、ずいぶんきついことを言われて、頭の中が真っ白になりました。

木村先生は本やテレビで見ていた印象とは違ってとても厳しく、なぜ私が説教をされなくてはいけないのかわけがわからず、正直、怒りや憎しみさえ覚えました。

ところが、年月がたって、娘が自ら命を絶ってしまい、その時になってやっと先生に言われたことがわかり、もしもあの時に気づいていればと、無念で、無念でなりません。

それ以来、自分を責め続ける日々が続き、今は涙も出ない状態です。

娘の死は、天罰でしょうか？

できることならば、心から謝って、もう一度だけ娘の声を聞きたいです」

このケースは誠に残念な結果になってしまったわけですが、このお母さんのように、後になってからやっと気づいたと手紙をくださる方も少なくないのです。

また、ご本人が気づけなかったために、さらなる不幸を重ね続けた方もいます。

これは後になってご家族から聞いた話ですが、ひきこもりの息子さんの件でご家族で相談に来られた時、その母親に問題があって、透視によってそれを指摘したところ、彼女はがんとして認めず、私に対する悪口を自分の知り合いだけでなく、知らない人にまで言って回ったそうです。

その女性をAさんとします。後日、Aさんからの手紙には、私に対する苦情が書き連ねてあり、冒頭には私のことを「化粧もせず、田舎者丸出しで……」などと書かれていました。

それから数年後、Aさん夫婦は、夫が他に好きな女性ができたことがきっかけで離婚することになり、その際、夫は「何を言ってもお前の心に伝わる言葉はない」と言い、家も預金もすべて置いていくからとAさんに告げたそうです。

ひきこもりの息子さんも、「お父さんがそう考えるのも無理はない。お母さんとずっと一緒にいると良いものでも悪くなる。自分もこのままではだめになる」とのことでした。

それでもAさんは自分の非は一切認めようとせず、憎しみだけが募って、バッグに包丁を忍ばせて、夫が再婚を望んでいる相手の女性のところに乗り込もうとしたのです。

ところが、その途中、道路を横断中に車にはねられて、Aさんは救急車で病院に運ばれます。

病院の中で意識を取り戻したAさんに対して、夫が「彼女を殺すつもりだったんだろう!?　お前ほど恐ろしい女はいない。ここまでしなければいけない、お前の心の中にはいったいどんな悪魔が潜んでいるんだ?」と問うたそうです。

怒りと絶望の中、骨折をして動くことすらできない、死ぬにも死ねない状況の中で夫にそう言われたAさんは、そこでハッとして、ようやく自分のことをふり返ることができたと言います。

入院中、お見舞いに来る人もなく、気づいたら家族以外周りに誰もいなかった。それまで自分は正しい、自分ほどすばらしい人間はいないと思っていたというAさんは、数か月の入院中に心から自分の欠点を省みることができたのです。

人から欠点を指摘されても、自分には非がないと一切聞く耳をもたず、指摘した相手を逆恨みする。原因はどうあれ、すぐにその不幸を取り去ってもらえればいいんだ、と。そして、不幸の原因を作っている相手を殺してやりたいという愚かさ……。

憎しみのあまり自分が死ぬに死ねない状況に追い込まれて、やっとその愚かさに気づいたAさん。ずっとその時を待ち望んでいたのはご家族でした。

Aさんのご主人や娘さんは、とてもしっかりした方々で、Aさんが私に送ってきた苦情の手紙についても、「大変申し訳なく、心苦しく思っています」とお詫びの言葉を述べられ、相談時に娘さんと一緒に来られたのも、何かの拍子にAさんが私に危害を加えるといけないので、それを警戒してのことだったと説明してくださいました。

このように、ご家族は本人の欠点に気づいていて、日頃から本人に対して何らかの忠告や言動を発しているはずです。

身近な人ほど、その人の欠点を冷静に見ているもので、相手から反発されたと感じることも、実はその人の欠点に対する忠告であることも多いのです。ですから、そこに注意を向けていれば、問題が大きくなる前に自分の欠点に気づいて改めることもできるのです。

## 02 透視とカウンセリングとの違いとは？

先生の場合は、神様から与えられた透視能力によって、トラブルや問題の根本原因になっている本人の欠点、至らない点をズバリと指摘されるわけですね？

その「透視」というものを理解されていない方がまだ少なからずいらっしゃいます。

透視は、カウンセリングとは全く異なります。

カウンセラーや透視能力がない人は、相手の話をよく聞いていろいろ情報を得る必要があるでしょうが、透視をすると、その場で、問題の本質や原因となっているその人の状態や性格などがはっきりと映し出されるので、逐一細かな話を聞く必要はありません。

例えば、相談内容が病気の場合だと、「どこがお悪いですか?」、就職や転職の相談だと「どんな仕事をお考えですか?」と尋ねるだけで、後は神様が透視によって答えを見せてくれるのです。

そこで、「病気の原因は〇〇なので〇〇された方がいい」「あなたの性格ではその仕事に就いても対人関係でうまくいかずに逃げることになるので、〇〇なところを直さないとダメですよ」などとアドバイスをするわけです。

ですから、カウンセリングのように相手の話を根掘り葉掘り聞いたり、会話を続ける必要もなく、要点だけを伝えることができるのです。

それが理解できず、「自分の話したいことを聞いてくれなかった」というのは、私からすれば筋違いというものではないでしょうか。

透視の具体例として、つい先日相談に来られたご家族の例をあげます。

娘さんが強迫性障害で、自分の子供を親や家族にも一切触れさせず、ご主人とも取っ組み合いの喧嘩になることもあるので、大変困っているということでした。

そこで、透視によってその原点に何があるかを見ました。

見えてきたのは、娘さんが高校時代に、すでに親のロボットのような状態になっている姿でした。

親御さんは昭和二十一年生まれでしたが、子供は親の言いなりにしていればよい、言うとおりにしなければ体罰を与えるといった、いわば「ロボット教育」と呼ぶべき接し方で、その結果、その娘さんはただおとなしく〝かよわい子〟を演じるようになっていったのです。

親の権限とばかりに、自分たちの勝手な〝理想〟を一方的に子供に押し付ける「時代遅れの教育」をしていたということです。

母親は、自分も親からそのようなかよわい女の子になることや、高学歴のエリートコースを突き進むことだけを期待されていて、自分はそれがかなわなかったために、娘さんにその理想を押し付けていたようです。

その娘さんが、四十歳近くになって結婚し、出産を前にして精神バランスを崩したわけです。

それまでの彼女は、例えれば上は着物を着て、下はミニスカートとスニーカーを履くという全くちぐはぐな服装のごとくの考え方の持ち主でした。ただナヨナヨして、おとなしくしていれば、素敵な女性と思われると考えていたのです。

彼女がそうなってしまった原点は、ご両親の時代遅れの教育にあったということをお伝えしたところ、父親は「そうですか……」と素直に認め、「俺たちの教育が間違っていたんだな」と涙ながらに後悔していました。

ところが、母親の方は、「そんなはずはない、すべて娘の教育のためだった」と、全く理解されませんでした。

このように、気づくべきことに気づけるようになるには、まず問題の原点を正しく理解できるかどうかがとても大事で、同じ親であっても、それを理解できる親とそうでない親に分かれることもあるのです。

## 03 気づくためには原点で何があったのかを理解すること

透視によってズバリ、欠点や至らなさを指摘される。その指摘を素直に受け入れられるかどうかが、気づけるかどうかの分かれ道になるわけですね？

皆さん、遠方からそれなりの交通費や宿泊費をかけてここまでいらっしゃるわけですから、一人でも多くの方に気づいていただきたいという気持ちで接しています。

「時間が短い」と言われる方には、透視というものはどういうものかを説明して、「時間をかけて詳しく聞くというのは透視能力のない人がすることで、それを求めるのであればここまで来る必要はないのではないですか？」と確認するようにしています。

私の説明を聞いて、「そのとおりですね」とすぐに納得される方もいれば、いくら時間をかけて説明をしても、終わった後に、「五分しか話を聞いてもらえなかった」「せっかく遠くまで相談に行ったのに怒られた」などと不満をぶつけられる方がいらっしゃるのも事実です。

無関係な人にまで私の悪口を言いふらしたり、帰りのタクシーの中で陰口をたたかれるような方々は、問題の原因となっている原点を決して理解しようとせず、手っ取り早い解決策だけを求めているように思います。

例えば、子供が不登校になった場合、親御さんは「どうしたら子供が学校に通えるようになるでしょうか？」と相談に来られます。

我が子が再び学校に通えるようになるには、まず原因を知ることが先決です。最初の原因、何が原点なのかを把握しないと、何も変わらないからです。

そこで、「どうしたらよいかの前に、どうしてこうなったのかを知らないと、また同じことの繰り返しですよ」と伝え、その原因となることがら、原点で何があったのかを神様にお尋ねします。

すると、透視によって、両親の性格、家庭環境、学校での子供の状況、その子の性格、その子の周りでどんな出来事があり、その子がどんな反応をしたか、などを見せられ、それを順序立てて親御さんに説明します。

どうしてこうなったかを真剣に知ろうとしている親御さんであれば、身を乗り出すようにして話を聞き、そこで自分たちの考え方や子供への接し方の間違いに気づいて、「あぁ、自分たちが間違っていた」と涙を流されます。「そこに原因、原点があったんだ」と。

原点に気づいた方は表情が変わり、短時間で納得された上で、「お忙しいところ貴重なお時間を取っていただき、ありがとうございました」と深々と頭を下げて、丁寧なお礼の言葉を残していかれます。

そのように親が根本原因に気づいて、考え方や態度を改めれば、お子さんも必ず変わっていき、その結果、我が子も学校に行けるようになるのです。

ところが一方で、私が透視をしてどうしてこうなったかを説明している最中に、まるで他人事のようにケラケラと笑っている親御さんもいます。

「何がおかしいですか？　笑いごとではないでしょう。こうなった原点を知らなければこの子を助けられないですよ」と、つい声を荒げてしまうのですが、一向に私の話を受け入れようとはしません。

「うちの子に限ってそんなはずはない」「悪いのは友達だ」との一点張りです。

「子供が学校に行ける方法だけを教えてほしい」という人にとっては、いくらその原因を説明しても聞く耳を持たず、原点で何が起きたのかを知ろうとしない。だから気づけないのです。

そして、ふてくされた表情のまま拝殿から立ち去って行かれるのですが、なかには「わざわざこんな遠くまで来るんじゃなかった」などと吐き捨てるように不平や不満の言葉を残していく方もいます。

親が子供の不登校の原因に気づけないままでいると、やがて子供が精神バランスを崩して、命を落とすことにもなりかねません。

だからこそ、原点を知り、原因に気づかなくてはならないのに、ただただ「子供を学校に行かせる」という結果だけを求めている親御さんの愚かで憐れな姿がそこにあります。

大切なことは、何のために、どのような目的で相談に来られているのか、です。

トラブルや問題がどうして起きるのか、その原点を知って、根本原因を直して自分の手で幸せをつかみたいのか、それとも、自分たちの不平・不満、愚痴を聞いてもらって、原因はともかく、簡単に不幸を取り除く方法、すぐに幸せになれる手っ取り早い方法を教えてもらいたい、すなわち、自分にとって都合のいい結果だけがほしいのか。

これは、ムチはいらない、アメだけがほしいという「我」です。

ムチは嫌、アメだけがほしいという人は、どこに行っても不平・不満、愚痴を重ねるだけなので、カルマの汚れが取れることはないでしょう。

しかし最近は、そのような方は週に数人ほどに減ってきて、「自分の欠点、不足に気づいて直したい」との目的で来られる方々が増えてきています。

なかには、拙著『幸せになるための「気づき」の法則』（学研パブリッシング刊）に書いてある「幸せロード」という言葉に線を引いたり、ノートに書き出すなどして何度も読み返してきた方や、本を握りしめ、真剣な眼差しで、

「この本を読んで、私自身に原因があるんじゃないかと思って来ました。どんな辛いことでも子供のために自分で気づいて直したいので、どうか私の悪いところを指摘してください、遠慮なく叱ってください」と言われる方もいらっしゃいます。

そんな親御さんに対しては、

「あなたが気づけば、必ずあなたのお子さんも気づきますよ」と言ってから透視に入

り、アドバイスをお伝えするようにしています。

「こんな私でも大丈夫でしょうか？」と聞かれるお母さんには、

「大丈夫！　これまでもお子さんのために一生懸命に生きてきたんだから、どうぞ頑張ってみてください」と。

このように、例え心が苦しくとも、トラブルや問題が起こった原点に真正面から向き合って、その原点を正しく理解して、そこから立ちあがろうとする人には気づきがもたらされ、その結果、カルマを克服していけるのです。

相談者をお迎えする私の立場としては、皆さん、はるばるここまで来られるのだから、ご本人が気づけない部分、不注意なところを透視によってお伝えし、一人でも多くの方に気づいていただきたいし、そのようにお話もしています。

今でも時々は、アメだけを求め、宝くじに当たるのを期待しているような方もいますが、最近は、絶望の原点から希望に向かって再出発したい、そのためのムチならどんなムチでも受け入れようという覚悟ができている人が増えています。

そのような方々は、余計な話はせずに、すぐに原点を理解されるので、気づかれるのも早いです。

気づいて直そうという人たちが増え、必死の思いで日本各地から訪ねて来られる……。

これは本当に〝おかげさま〟なことだと、マスコミの方々にも心から感謝しています。

この「気づき」について皆さまにお伝えすべく、過去三十年近く、近年はテレビに出たり、たくさん本を出していただいたりして、自分なりに一生懸命やってきました。

ある時には思いがけず、マスコミで注目されたり、数多くの方々から涙ながらに感謝の言葉をかけられたり、またある時には悪口を叩かれたり……と、さまざまな出来事がありました。

長かったですが、やっとここまで来られたのは、神のお働きであると共に、それを理解し、さまざまな形で協力してくださった方々の〝おかげさま〟です。

そして、これからは、さらに「知識の大切さ」に加えて、「どうすれば欠点を直せるか」についてお伝えしていければと考えています。

## 04 理解力や判断力を養うためには幅広い知識が必要

自分の欠点、不足に気づいて直すには、幅広い知識を得ることが大事だということですが、知識を得ることがなぜ心の成長につながるのでしょうか？

知識の大切さについては、これまでの著書でも詳しく述べていますが、一言で言うと、物事の理解力や判断力を養うためです。

気づくべきことに気づけないでいるのは、自分の中での知識不足が原因になっていることが多々あります。

不登校やいじめ、非行や家庭内暴力などの原因として、親自身の子育てや教育についての知識不足があるように、夫婦の不和、嫁姑問題、恋愛関係や職場の人間関係のトラブルなども、同じように、相手に対する理解不足や物事の判断力の足りなさ、未熟な考えや我欲などの心のあり方からもたらされる誤った言動や態度に原因があります。

本には書けないような性や暴力に関する男女のトラブルをはじめ、病気に対する捉え方、先祖供養など目に見えない世界の誤った考えなども、その原点をたどると必ず心の不足、知識不足からきています。

人間社会において何が正しいことで何が悪いことなのか。

人としてしなくてはいけないこと、してはいけないこと。

本当に正しい知識と誤った知識との違いを見分ける判断力が欠けていることが、トラブルや問題の根本原因になっている。

言い換えれば、トラブルの元には、必ず原点となる出来事や間違った考え、無知がある。

なので、そこを改めるには、いかに理解力や判断力を養うかが問われるのです。

そのためには、見える世界、見えない世界を含めて世の中すべての知識が役に立ちます。

何千、何億という知識があり、時代と共にその知識が新たに修正されたり、増えていくことから、知識を自分のものにしていくには生涯学びの連続です。

いろいろな分野の本を読んだり、テレビや映画を見たり、インターネットなどから知識を得る。また趣味や仕事を通して学んだり、家族や友人、知人などから自分が知らないことを教えてもらったり体験を重ねる。あるいは公の場などで、反面教師という形で見ず知らずの人からも学ぶことができると思います。

ところが、「私はわかっている」「そんなことは知っている」というプライドや過信があると、もっと知識を得て賢くなろうとか、積極的に他人から学ぼうとは思わないでしょう。

無邪気な子供が、何でも知りたがって知識を得ようとするのは、大人のような見栄やプライドがないからで、だからこそどんどん知識を吸収して、心も成長していけるのです。

もちろん、そこに自分を良く見せたいとか、カッコよく振る舞いたい、目立ちたいという我があれば、その知識が誤った方向に使われてしまうので、純粋に学ぶ姿勢が大事です。

正しい理解力や判断力を養うために、幅広い知識、常識、良識が必要なのであって、知識が乏しいと、物事を理解したり判断する材料が少ないがために、独断や偏見が生まれやすくなるということです。

それゆえ、本当は間違っていることでも、「自分は正しい」「間違いはない」「相手が間違っている」などと勝手に決めつけたり、思い込みやすくなります。

更に、「他人から良く見られたい」というプライドや人を見下すような我欲があるとなおさら相手の気持ちや考えも無視して、間違った考えややり方に気づくことなく突き進んでしまう。その結果、他人との間にトラブルや衝突が起きてしまうのです。

いわば、「無知なるがゆえの暴走」です。

自分が気づかない〝心の暴走〟をくい止めるためのブレーキとなるのが、幅広い知識です。

知識を得て、理解力や判断力を養うことによって、「あぁ、なるほど、そういうことだったのか」と初めて自分の未熟さに気づいたり、正しい知識を判断材料に加えることで、「それは知らなかった。今まで自分では気づかなかったけれど、これからはそのように心がけよう」などと自分のことを客観的に見て、改められるようになります。

自分のことを過大評価しているがゆえに暴走するのであって、暴走を止めるには、幅広い知識を得る中で無知な自分を自覚する、未熟な自分をわきまえるということで、それが他者とのトラブルを避け、調和に至る道でもあるのです。

## 05 親子関係のアンバランスが自己の過大評価につながっている!?

無知な自分を知る、わきまえることが気づきの原点。気づきにくいのは自分のことを過大評価しているからだとしたら、なぜ過大評価してしまうのでしょうか?

さまざまな理由があると思いますが、一つには時代の影響も大きいかと思います。今の若い世代の親、またその親の世代は、一般的に子や孫に比べて知識不足な世代だったと言えるのではないでしょうか。

自分は大学にも行けなかったのが、子や孫は大学卒が当たり前の時代になり、しかもエリートコースを歩むことだけが優秀だと勘違いして、自分よりも学歴や職歴が高いことから親が子供にひけ目を感じたり、卑屈になってしまっているケースも多いと思います。

そのような親子の場合、子供も親に対する尊敬の気持ちが低く、自分の学歴や職歴だけで「自分は立派な人間だ」と思い込んで、天狗になってしまうのです。

今、そのような環境で育った人たちが社会の中心にいて、指導的立場に立っていることが多いので、これからの子供の教育のあり方がとても気がかりです。

昔は、両親それぞれに役割分担がしっかりなされていたように思います。

父親は一家の大黒柱として、いい意味で威厳を持ちながら家族を守り、片や母親は家事や育児を引き受け、家庭生活を切り盛りする中で、しっかりと主導権を握っていた。

そんな時代には、苦労しながら自分たちを育ててくれている親の後ろ姿を見て、感謝や尊敬の念を持ち、親の姿を手本とする子供も多かったはずです。

ところが、ちょうど高度経済成長の頃から時代が大きく変わり始め、女性の社会進出にともなって共働きが当たり前になって、いわゆる「カギっ子」世代や子供部屋を与えられる一人っ子が増えるなどして、親子の関係も希薄になっていきました。

更にその次の世代になると、ＩＴやコンピューターの普及によって、子供の方がどんどん知識や情報をたくさん得て、親との知識の差が開いてしまい、今では親子の立場がとてもアンバランスになってしまっているように感じます。

特に、高度成長期に生まれ育った世代の親たちが、子供に勉強ばかり強いてきて、その結果、人とのコミュニケーションが苦手で精神バランスを崩しやすい今の若者たちが増えているのは、相談を受けるたびに日々実感せざるを得ません。

これは親が子供にバカにされたり、見下げられていて、その反面で、自分を過大評価する子供や若者が増えている、ということです。

自分を過大評価したままでは、決して欠点や不足に気づくことはできません。

そこにはプライドという壁が大きく立ち塞がり、まして他人からの指摘はそのプライドを傷付ける結果になり、ますます自己弁護と自己主張が強くなって、人との対立を深めます。

それればかりか、人をおとしめることすら平気でするようになり、カルマの汚れを増やすような結果を招くことさえ珍しくありません。

例えば、飲食業に携わる社長さんが、残り物を平気でお客さんに出すような行為。

気づかれなければいい、バレなければ何をやってもいい、それで儲かればいいんだという愚かな考え……。

それは、陰で罪を増やしているだけで、明らかに「幸せロード」とは正反対な道です。

自分のことを過大評価して、それに気づけず、罪を重ねていれば、それに見合った子供を持つことになります。

親のカルマと引き合う魂を持った子供を宿す。それが見えない世界の法則です。

私のところには、悲惨な結果に至ってしまったご家族が、藁をもすがるような気持ちで相談に来られますが、悲惨な結果に至る前に、ぜひそのことに気づいてほしいのです。

現在、トラブルや問題が起きていなくても、自分なりに一生懸命努力していても、うまくいかないことがあるとすれば、そこには何らかのカルマ、欠点が潜んでいることが多いのです。

また、今、親の立場にある方々はもちろん、これから親になる可能性がある方々も、学歴や職歴に関係なく、「人としてどうあるべきか」という、心の学び、心の修行の大切さについて改めて考えていただきたいのです。

## カルマを共有するがゆえの親子関係

06

親が気づかないと子供も気づかない。反対に親が気づけないのは、その親も気づけなかった。つまり、悪いカルマは連鎖してしまうということですか？

そうです。

親が気づけないのは、その親も気づけなかったから。ということは、その親も、またその親も正しい知識を子供に教えられなかったということです。

気づけなかったために、また縁のある親のもとに生まれてくる。

自分の子供として生まれてきたのは共通するカルマがあるから、カルマを共有しているというのはそういう意味です。

最近は、カルマを共有するがゆえの親子関係という意味について、「よくわかります」とおっしゃる方々も増えてきました。

自分の欠点や不足に気づいた方が、改めて過去をふり返って、「自分の親もそうでした」「そのまた親もそうだった」とおっしゃるのです。

ということは、その家系の中の誰か一人だけ、今、問題を背負っている人だけが悪いとは言えないわけです。

しかし、だからといって、親を恨むのは間違いです。

その親と同じ不足、カルマがあるからこそ、その親もとに生まれ出たのです。

それを受け入れて、自分が欠点、カルマに気づいて直すことが悪いカルマの連鎖を止めることになり、それがカルマを持ちこさず、同じ過ちを繰り返さない唯一の方法です。

もしあなたが、今何らかの問題やトラブルを抱えているならば、そもそも、あなたの魂がそのカルマを清算して、悪いところを直すがために、あなたの親もとに生まれてきたのだという原点に立ち返ってみてください。

あなたは何のためにこの世に生まれてきたのか？

それはカルマの連鎖を断ち切るためです。

欠点を直せない親のお腹に、あなたの魂が入ったのです。

あなたが子供の頃、苦しんでいるあなたの状態を見て、あなたの親はどうであったか？

情愛があればあるだけ、苦しんだことでしょう。

そこで、どうしてこうなったのか、自分自身の心をふり返って気づくことができるかどうか……。

親が気づけば子供も気づけます。親が欠点を直せば、自ずから子供も直していくのです。

しかし、極端な話、子供が死ぬか自分が死ぬか、そこまでいかないとなかなか気づけない……。その苦しみがまさにカルマとの闘いです。

カルマとは苦しみであり、苦しみというカルマを共有するのが家族です。

人は、誰でもその生まれ落ちた親のもと、家庭環境によって人生が大きく左右されます。

日本人が日本に生まれて日本語を学びながら成長するのと同じで、生まれ育った環境によって知らず知らずのうちに大きな影響を受けているのです。

その環境の中で、人としての思いやり、挨拶から始まるマナーや礼儀作法、社会人としての常識を身に付けていく人もいれば、人とのコミュニケーションが苦手なまま、マナーや社会のルールを守ることの大切さを知らずに育った人もいるでしょう。

その意味では、この世には善なる人もいる反面、悪行を働く人もいるからこそ、人の世の修行なのかもしれません。善人だけでは修行にならないからです。

とはいえ、おかげさまで、何が悪で、何が善か、人として何をしなくてはいけないか、何をしてはいけないか、ということを理解し、善へと変わり、善を成す人たちも増えてきています。

相談者の中には、父親が左官屋さんで、息子さんをとても大事にしっかりと育てられて、その息子さんがお医者さんになられた親子もいます。

その息子さんが遠いところを何度か訪ねてきて、「父は今も左官屋で頑張っています」と笑顔で報告してくださるのですが、親孝行をしたいという彼の姿を見るにつけて、本当に親子は写し鏡のようだと感心しています。

## 原点に立ち返って成長し合える関係になれれば共に幸せロードを歩める

Q07

## 身近な人がカルマを共有している修行仲間であれば、自分がカルマに気づいて克服できれば、周りの人たちも幸せになれるということですか？

カルマというのは、過去に何らかの縁があった、わかりやすく言えば、つながりがあったということです。

それともう一つ、同じ欠点を持っている魂同士だからカルマを共有する関係になる、ということもあるわけです。

そのために、同じ困難に出会い、同じ苦しみを味わう出来事に遭遇することになります。

親や兄弟・姉妹、親類縁者、職場の上司や同僚などの仕事仲間、あるいは友達同士、恋人同士、一過性の知人、趣味やスポーツなどの仲間同士という形で。

いずれにしても、つながりがなければ出会うこともなく、出会ったとしても関係が続かないでしょう。

ある程度深い関係があり、その関係が一定期間続くということは、何らかの共通のカルマがあるということで、お互いにそこで気づくべきこと、学ぶべきこと、克服すべきことがあるのです。

家族の話はすでに述べたので、仕事仲間の例をあげましょう。

仮に、上司が部下を指導する際、仕事を通して、部下が自分の不足や未熟な点に気づいて自ら成長する努力をするように叱咤激励するのが上司の務めであるとも言えるわけです。

すぐに結果を求めて何でもかんでも口を出したり、文句をつけたりする。反対に、部下に仕事を丸投げして上司としての責務を果たさないのは、部下が気づけないばかりか、上司にとっても悪いカルマの上塗りです。

上司と部下の関係は、嫁姑の関係にも似ていて、人生の先輩と後輩の関係に当たります。

それに加えて、カルマを共有する修行仲間だという原点に立ち返ることができれば、お互いに学び合う関係としての自覚を持って、共に幸せロードを歩めるのです。

上司が部下に対して、同じ職場や仕事を通して、知識や技術を身に付けながら能力と同時に精神的な成長を遂げていけるように導くことができれば、上司もまた部下が努力をしている姿を鏡として、さらに成長していけるでしょう。

そのようにお互いに気づき合い、成長し合える関係になれれば、本人はもちろん、周囲の人たちとも調和しながら、必ず幸せへとつながっていくはずです。

私自身、いくつかの出版社さんとのおつき合いの中で、何冊もの本を出版させていただいているのは、それらの書物を通してできる限り正しい知識を読者の皆さんにお伝えしたい。それと同時に、例え血縁でなくても自分の後を継ぐ者にもしっかりとそれを伝えて、後世に遺しておきたいからです。

これを遺しておけば、気づいて直す心がまえができ、その人自身が救われる。

ここで土台をしっかり築いておけば、後に続く人たちの気づきの灯台になるのだから。

そんな思いで、できるだけわかりやすい表現で繰り返し述べてきたのです。

今はおかげさまで気づきの大切さに気づいて、欠点を直そうと心がける方々が増えてきたことから、本書では、次のステップとなる欠点を直すための心がけ、幸せを得るための心がまえについてお伝えできるように述べたつもりです。

# 今、特に関心がある知識とは？

Q08

先生は、不足に気づいて直すために幅広い知識が役に立つと述べられています。参考までに、先生ご自身が今、関心を持たれている知識を一つだけあげていただけますか？


あらゆる分野の知識に関心があって、本も読み切れないほど図書館で借りてくるのですが、なかなか読む時間が取れないのが実情です。

そのような状況の中でも、特に関心があるのが古書です。

なぜなら、古書の中には、今は失われつつある生活の知恵や人生ドラマ、人生訓を記した内容のものが多いからです。

といっても、一般の書店では置いていないため、東京などにある古書店街を訪ねて、自分の気に入ったものを見つけなくてはいけないので、いつ手に入れられるかはわかりませんが……。

古書は、その時代時代の出来事や歴史を知る上でも大事ですし、日本人として知っておくべき事柄を理解する上でも、またいろんな物事の原点を知る上でとても貴重なものだと思います。

例えば、NHKの大河ドラマなどで話題になった「篤姫」が生きた徳川時代。江戸城大奥の女性たちは何を考え、どんな人生を送っていたのか？

あるいは、明治生まれの人たちはどんな暮らしをし、どんな生き方をしていたのかなど……。わずか四世代ほど前のことなのに、まだまだ知らないことがたくさんあります。

また、主婦としては、今のように何でもかんでも手に入れられなかった時代の、昔の料理本にもとても興味があります。そこには、今では見られないさまざまな工夫や生活の知恵があるのではないでしょうか。

そのように、何でもまず原点を知って、不足を補うこと。

それが今の私たちのいたらなさを直すことにつながるのでないかと思います。

Part 2

# 人間関係の知恵

## 会話による意思の疎通ができないとトラブルの原因に！

Q09

家庭や職場での人間関係のトラブルに悩まされている場合、その原因に気づき、直していくためには、まず、どのようなことを心がけたらいいですか？

トラブルの原因は人によってさまざまですが、相手の話をちゃんと聞いていなかったり、自分の気持ちや考えを言葉にしてきちんと相手にわかるように伝えられていない場合が多いようです。

それが家族であれ、職場の人であれ、相手のことをわかっているつもりになっていたり、自分のことをわかってもらう努力が足りない……。要するに、〝表現ベタ〟、言葉づかいの問題です。

トラブルを抱えている人の原因を透視すると、相手との間での言葉によるコミュニケーションがうまく噛み合っていないことがよくあるのです。

そのような方は、私が話をお聞きしている時にも、話のつじつまが合わなかったり、自分の言いたいことだけを一方的に話し続け、いつ・どこで・誰が・何を・どうしたという要点をこちらにわかるように話をするのがとても苦手です。

「自分のことをわかってくれない」という前に、自分の話し方、伝え方に問題があることに気づいていない、それが誤解やトラブルを生む原因となっていることが実に多いのです。

表現ベタの方は、往々にして人の話を最後まで聞くことができず、それを指摘しても、自分の欠点や間違いをなかなか認めようとしません。

なぜならば、そのような人の場合、相手の気持ちや話の内容を深く理解しようともせず、その場その場で「はいはい」「わかった、わかった」と適当に返事をしてしまい、ますます意思の疎通ができなくなって、やがて双方に不満がたまっていくことになります。

このように、トラブルや喧嘩、争いの根っこには、意思の疎通がちゃんとできていない、すなわち理解不足があるのです。

自分は表現ベタかもしれないと思ったなら、相手のせいにせずに、自分の欠点を素直に認めて、直していけばいいのです。

そのためには、まずは聞き上手を目指し、相手の言葉を最後まで聞くように心がけ、相手の気持ちや本音を理解できるように訓練することです。

例えば、知人との会話やテレビを見ている時など、「この人は話が上手だな」と思う人がいたら、それらを学ぶのもいいでしょう。話題の進め方、相手への配慮、間の取り方など、いろいろ学べることがあるはずです。

家族であれ、職場であれ、人との良好な関係を育むには、何といっても会話、正しい言葉づかいが大切です。

会話とは、文字どおり、独り言や一方通行の報告や通達ではなく、今、会っている相手ときちんと話をすること。

正しい言葉づかいとは、自分の家の中だけや特定の人だけに通じる言葉ではなく、初対面の人にもちゃんと理解できるような言葉で話す技術や知識です。

それができるようになれば、家族はもちろん、いろんな人と意思の疎通ができるようになり、不要な誤解やトラブルを避けられるようになると思います。

## 10 言葉の乱れはだらしなさにつながる

日常生活での言葉づかいなどについては、どのような点に気をつけなければいけませんか？

言葉づかいの乱れは、心の乱れ、だらしなさにもつながると思います。

その点、若い世代の方々で、正しい言葉づかいができていない点が気になります。例えば、自転車を「チャリンコ」と言ったり、大切な目上の方との会話の途中で「マジですか？」などと、何でもかんでも言葉を言い換えたり、省略するなど、言葉のつかい方が乱雑だと首をかしげたくなります。

最近は、「ありがとうございます」を「あざま」、「どういたしまして」を「どいたま」などと略すのが若者言葉だとされているようですが、それは特定の人たちの間で交わされる符丁としてならわかりますが、一般的な言葉として使うのは適切ではないと思います。

津軽弁で「どごさ行ぐの」「湯さ行ぐどご」の省略形として「どさ」「ゆさ」という言葉を使うことがありますが、これはあくまで方言です。

なかには、時代によって徐々に変わっていく言葉もあるでしょうが、言葉や会話の乱れが心の乱れにつながることがあるのです。

言葉を大切にしないのは、心のだらしのなさ……。

身だしなみの乱れと同じで、例えば、若い女性がヒールの高いサイズ違いの靴を履いてバタバタと足を引きずるように歩く姿や、どぎついつけまつげにアイシャドーをするのが「カッコいい」と思っているのと同じです。

今の若い人たちの言葉づかいがこのままでは、いろいろな面でだらしなくなってしまうのではないか？　将来、孫たちの世代にはどうなっていくのだろうかと心配になることがあります。

少なくとも、幼い頃から親との間でしっかりと挨拶や会話の訓練をしてきた人や気づかいができる人は、相手にわかるような正しい言葉の使い方ができると思います。

正しい言葉づかいとは、相手に応じて尊敬語・謙譲語・丁寧語などの適切な言葉を用いるマナーでもあり、それは品格にもつながります。

## Q11 品格とは奥ゆかしさ

いわゆる品格を高めていくためには、日々の生活の中で、どのような点に配慮すべきでしょうか？

品格とは、奥ゆかしさとも言えるかもしれません。

例えば、人に不快感を与えたり、人が嫌がることをしないといった最低限のマナーやエチケットをしっかりとわきまえていることです。

気配りのなさや品のなさは、ふだんの生活の中の何気ないしぐさや態度にも現われます。ここに相談に来られる人たちの中にも、頭をかしげたくなるような立ち居振る舞いをされる女性が少なくありません。

例えば、玄関を入って靴を脱ぐ時など、人が見ている方にお尻を突き出してブーツを脱ごうとしたり、長いブーツならば斜めに重ねて角に置けばいいものを、玄関の真ん中で脱いでブーツのファスナーを閉めずに脱ぎっぱなしにしておくので、倒れて他の人のじゃまになっていたり……。
あるいは、ドアの開閉がきちんとできない人、手提げバッグの口を開けっぱなしにして歩く若い女性、ハンカチを持たずにトイレから出てきて手をふる人など、ちょっとしたことですが、品格や社会人としてのマナーに欠けるような方が少なからずいらっしゃいます。

## Q12 引き継ぎたいマナーや良き習慣

マナーを身に付けていく際に、最も大切なことは何ですか？

周囲に対する配慮に欠けていて、そこに気づいていないから、マナーやエチケットが守れないのでしょう。だから、それを指摘されても「えっ、何で？……」と、自分には何の落ち度もないと開き直れるのかもしれません。

ここに気づきの難しさがあります。

マナーやエチケットは、周囲への気配りとして昔から守られてきた生活上の良き習慣です。

例えば、以前、相談に来られたある会社の社長さんが、ハンカチを持たない社員が多くて困っていると言われたことがありました。

その社長さんが気になって調べてみたら、各支店を含んだ全社員四百数十名のうちの三分の一ほどがハンカチを持ち歩かないことがわかったそうで、「どういう神経かわからない」と嘆かれていました。

確かに、最近はペーパータオルやジェットタオルと呼ばれる自動送風機で手を乾かすという人もいるでしょうが……。

それにしても、外出時には、ハンカチを持って出かけるのが社会人としてのマナーであり、昔から親は必ず子供にハンカチと鼻紙を持って出るように促していました。

また、私たちより少し前の世代の方々は、外出する時などには必ず風呂敷を持って出たものです。

訪問先に手土産を届けたり、反対にいただいたり、途中で買い物をすることもあるかもしれません。季節によっては外出してから上着を脱ぎたくなることもあるでしょう。

そんな時に風呂敷があれば、バッグの代わりに物を包んだり、持ち運ぶことができます。

風呂敷はいろいろな用途に使える便利さがあり、また最近になって、使い捨てのレジ袋代わりのエコバッグとして見直されているとも聞きます。

これはほんの一例で、些細なことのように思われるかもしれませんが、さりげない気配りはこのような小さな所作に現れるものですし、周囲への思いやりが創意工夫を生み、知識を増やすことにもつながるのです。

マナーやエチケットを守ることは自分のためだけではなく、人と良好な関係を築くための思いやりであることを、若い世代にも伝えていく必要があるように思います。

## ✤ビジネスでもマナーがものをいう

Q 13

仕事の面でも、マナーをわきまえている人とそうでない人では違いが出ますか？

最近気になるのは、例えば、会社の応接室や接待場所の料理店などで上座・下座の区別がつかない若い人が増えていることです。

目上の人やお客様が座る席が上座、目下の人や接待する側が座る席が下座で、上座の方がより心地良い席になります。

ですから、接待をする場合などは、いつもお世話になっているお客様や得意先の人など、立てるべき人をまず上座に案内してから、接待する側が下座に着くのがマナーです。

これは形式にこだわるというのではなくて、もてなす側の感謝の気持ちをきちんと形や態度で示すということです。

もてなす側が、誰をどこに案内すればよいかがわかっていないとなると、接待を受けるお客様がどこに座ればいいか困ってしまいます。

また、会席の際などは、接待したお客様に「何になさいますか？」「これなどがお勧めです」などと最初にお聞きして、出てきたお料理にも、お客様が手をつけた後でもてなす側が箸を取るのが礼儀です。

なのに、お客様より先に「私はこれをください」などと自分の注文をしたり、料理に先に手をつけてしまうなど、全く自分の立場をわきまえていない場合も見られます。

例え悪気はなかったとしても、常識をわきまえた人からすると、「この人はマナー知らずだな……」と内心、幻滅されてしまうでしょう。

このようなビジネス上のマナーも、昭和の時代なら当たり前のことでした。マナーをわきまえている人が、ちゃんとした大人として認められていたのです。ところが、時代が変わって、物やお金中心の社会になるにしたがって、このような心のあり方を示す品格や美しい思いやりのマナーが失われてしまってきているように感じます。

単に形式にこだわるということではなく、相手を敬い、相手に感謝の気持ちを示すことがマナーの基本。ですから、古くさいといった問題ではなく、とても大事な慣習としてぜひ引き継いでいっていただきたいものです。

それがしっかりできる人が、社会人としても信頼され、良好な人間関係を築けるのですから……。

## 14 失われつつある家庭の秩序

立場を尊重するという意味では、父親の立場もずいぶん低くなっているようですが？

昔は、「地震・雷・火事・親父」と言われ、父親は威厳があって、大黒柱として家族から尊重されていました。

そこには、家族の中心となって、皆で助け合いながら力強く引っ張っていく、という逞しい父親像があったわけです。

また母親も、今のように子供の前で父親の悪口を言ったりせずに、お父さんを立てて、陰でしっかりと支えていました。

そんな、恐いけれどいざという時には頼もしいお父さんと、やさしくて品のあるお母さん。子供たちは、たとえ家が貧乏でひもじくても、そんな両親の姿を見ることによって、精神バランスを崩すことなく、すくすくと育っていったのです。

なかには、父親の横暴さに苦しんだご家庭もあったかもしれません。

しかし、母親や子供が一家の大黒柱を立てて、父親への感謝の気持ちをちゃんと示していたからこそ、家庭の秩序も保たれていた面があったことは確かです。

お互いの立場を尊重し、感謝や思いやりを持って接する中で品格は育まれます。

それが、今のように〝ものわかりの良い親〟を演じてしまう友達のような親が増えて、親を尊重することなく自由奔放に育った子供たちが、他人を尊重できなかったり、品がないのは当然といえば当然かもしれません。

ここにも、過去・現在・未来というつながりの中で失われてきたものがあるのです。

## だらしなさは生活全体に広がっていく

15

## 品格がないと、どんな問題が起きやすいのでしょうか？

品の良さとは、その人のちょっとした所作や立ち居振る舞いに現れるものです。品の良さの反対が、だらしのなさです。

品がないと、周囲の人と衝突したり、人から嫌がられるなどの人間関係で問題が生じるだけでなく、生活態度そのものがだらしなくなり、それを指摘されても自分が改めるべき点に気づかず、どうでもよくなるのです。

だらしのない人は、部屋を見ればわかります。

私のところに相談に来られる方々の中にも、透視をすると、部屋に洗濯物と汚れ物の区別がつかないほど散らかっていて足の踏み場もなく、仕事先から帰宅したご主人がそれに耐えられない顔をしている光景が見える、といったことがよくあります。

それが積み重なって離婚の一因になるケースもありますが、当人の奥さんがその原因に全く気づいていない……。そのような人ほど、私がそれを指摘すると「私が悪いんですか？　そんなことありません！」と、ヒステリックに逆上します。

心の虚しさや寂しさから、何でも物をためこんでしまう人も増えているようですが、そのような場合は、まず整理整頓を心がけ、自分自身の心の不足を見つめてみることが大切です。心の不足に気づかなければ、同じことの繰り返しになるからです。だらしのない人は、マナーを知らない、知識不足とも言えます。

例えば、衣類にしても、不快な臭いがしていても平気な人。

ある会社のＯＬさんで、上司の衣類の臭いがきつくて困っているという人もいました。ご本人は気づいていないようで、仕事中は窓を開けて換気をすることもできないので、職場の人たちが仕事にも支障をきたすことがあるというのです。

体臭や衣類の臭いについては、他人が忠告しづらいものです。それだけに、本人が清潔さを心がけておく必要がありますし、家族や親しい人が注意してあげれば本人もきちんと対応できるでしょう。

こまめに洗濯をせずに、何日も同じ下着をつけたままの人もいるようですが、身なりがきちんとして清潔感を与える人を見て不快に思う人はいないように、清潔さは人間関係にとってとても大切なこと。まず、身だしなみを整え、清潔感を保つことがマナーの基本だと思います。

また、台所の洗い物にしても、昔は木灰《きばい》で鍋などの食器を洗っていた時代がありましたが、今は便利な洗剤が出ているにもかかわらず、出前などの器をちゃんと洗わずにそのまま返す人もいるようです。

どうせ他人の物だから……という気持ちからぞんざいに扱ってしまうのでしょうが、このようなだらしのなさは、すべての生活態度に影響していくのです。

まして、台所にいつまでも洗い物をためたままの状態は、不潔なだけでなく、それを見て育った子供も大人になってからも平然と同じことをしてしまい、周囲の人から不潔だと嫌われかねません。

このように、品のなさ、だらしのなさには、いくら他人が不快に感じようとも、「自分さえよければいい」という考え方が潜んでいます。

例えば、人がたくさん乗っている電車の中で平然と化粧をし続けている女性、公の乗り物の中で携帯電話で大きな声で話したり、優先席でもご老人や妊婦さんに席を譲らない人や携帯の電源を切らない人。

自宅で出たゴミをコンビニのゴミ箱に持っていって捨てる人や、公衆トイレを使って汚してもそのままにして立ち去る人。なかには、自分の家では貯め水をして、一滴もムダにしないくらい節約するのに、他人の家のトイレットペーパーは自分の家の何倍も平気で使う人もいます。

また、生活習慣のだらしのなさから、食べ物のバランス感覚が崩れている人もいます。

栄養のバランスやその時の身体の状態などを考慮することなく、漫然とただ食欲を満たすためだけに食べているようでは、自分の身体の健康管理に対してだらしのない証拠です。

実際に、食事による栄養の偏りが原因で病気になって、相談に来られる方も少なくありません。ですが、透視によってそれを指摘しても、「そんなはずはありません、ちゃんと食べてます」と否定する方も多く、それだけ自分の落ち度が原因だと気づきにくいのです。

このように、だらしのなさは、人間関係だけでなく、衣食住のいずれにも問題を引き起こす原因になります。

Q16

## いじめをなくすために必要なこと

今、大きな社会問題になっている「いじめ」をなくすにはどうすればよいのでしょうか？

いじめる側はもちろんですが、いじめられる側にも問題がある場合もあります。もちろん、だからといっていじめを容認するわけではありませんが、いじめをなくすには、いじめる側の子供の問題と同時に、いじめられる側の子供や親の問題にも目を向ける必要があるのです。

すなわち、いじめる側もいじめられる側も、いつ自分が被害者になるかもわからないし、反対に加害者になるかもわからない……。ですから、いじめられる側の子供も親も可哀そうですが、いじめる側の子供も親も可哀そうなのです。

子供同士のいじめの問題には、「何が相手を不快にさせているか」がわかっていない、また「何でも話せる、心から信頼できる人がいない」、そして「仲間外れになりたくないからいじめる側に回る」といったことがあるのではないでしょうか。

いじめる側もいじめられる側も、どちらにしても、本来、家庭の中で育まれるはずの情緒やマナー、信頼関係の不足がある……。また、そこには親や他の大人たちが人を尊重したり、相手を思いやったり、あるいは子供にもわかるような言葉で上手に会話をしたり、コミュニケーションを取っている人が少ない、という事情や背景もあるかもしれません。

陰湿ないじめをする子供は、ほとんどが自分よりも弱いものを傷つけることでストレスのはけ口としているのかもしれず、それはある意味、親や大人社会の写し鏡でもあります。

また、親が「うちの子供がいじめられている」と被害者であることを強調するあまり、その子供自身の問題を見ずに、いじめの理由をすべて学校や担任のせいにしている場合もあります。

これまでの相談者の例からも、学校などでのけ者扱いされている子供の中には、親の前では〝いい子〟に振る舞いながら、それがストレスとなって、親の目が行き届かないところでわざと目立つような態度を取ったり、人から奇異に見られるおかしな言動をしたりしていることもあるのです。

そのようなケースは、親が「自分の子供にも何か問題があるかもしれない」とは一切考えず、「これをしてはいけない、あれをしてはダメ」と口うるさく〝いい子〟指導を続けてきてしまったことへの反省もないので、本当のいじめの原因に気づけないままでいます。

わざと目立つような態度を取ったり、奇異な言動をする子供を遠ざけようとするのは、子供同士の間では決して珍しくはありません。

いずれにせよ、いじめの問題は、子供が抱えきれなくなったストレスを歪んだ形で発散している結果であり、そこに気づいていない親の無知。つまり、それまで親が子供にどのような接し方をしてきたか、どんな家庭環境に育ってきたか、そこに大きな原因が潜んでいるのです。

親の役目は、子供の些細な様子に気づいてあげることです。

ちょっとしたサインを見逃さず、「何かあったの？」とさりげなく聞いてあげることで、何かが変わるかもしれません。

もしいじめに気づいたら、親は「どうしてそうなったのか？」「子供や自分にも原因がないだろうか？」と、子供と一緒にじっくりと話し合い、考えてみることが大事です。

常日頃から何でも本音で話し合えるような信頼関係が築ければ、歪んだ形でストレスを発散する必要もなくなり、必ず道は開けるでしょう。

昨今問題になっている、インターネット上での子供たちの陰湿な悪口にしても、管理会社や周囲の大人たちがそれを放置している無責任感も否めません。

まず、原点である親や教師など周囲の大人たちが、どうしてそのような問題が起きるようになってしまったのかを正しく理解しておく必要があります。

そして、親は我が子に対し、〝良かれ〟と思って子供を立派な大人にしたくて教育にいそしんだはずが、知識不足から独りよがりの子育てになっていた、ということに気づいたならば、我が子に対して心を開き、自ら反省して変わること。それがいじめ問題の解決につながるのではないでしょうか。

## 子供の将来を見据えた幅広い知識を与えるのが親の役目

Q17

## まず親が子供への接し方を見直してみるということですね？

それが気づきの大きな第一歩につながります。

以前、相談に来られた親子の例で、こんなやり取りがありました。

中学の頃に精神バランスを崩した女の子が、相談中にいきなり祭壇の方に向かって、「てめえ、黙れ！」と叫びました。

「私のこと？」と私が聞いたら、

「てめえしかいねえだろ!!」と再び声を荒げました。

両親は、ただうなだれたまま何も言いません。

「そういう言い方をするのはやめなさい。中学時代に精神バランスを崩したかもしれないけど、あなたにも良さがあるでしょ。なぜ直そうとしないの？」

「てめえにわかるかよッー」

彼女はそう叫びながら、今度は親の髪の毛をつかみかかろうとしたので、

「やめなさい、ここで暴力をふるうなら110番するわよ」

私がそう言うと、急に彼女はひるみました。気が小さいんですね。

「いつもこうしているのですか？」とご両親に聞いても、母親は黙ったままでした。

やがて、「自分の命を捧げてもいいので、何とか助けてほしい……」とソファーから降りて正座をして、声を絞り出すように父親が言いました。涙をとめどなく流しながら、死にたい気持ちでここまでやってきたと、心の内を語り出したのです。

「見なさい、このお父さんの姿を!! あなたのために……」

私も胸がいっぱいで涙をこらえながらそう言いました。

必死にすがる親の姿を見た彼女は、さすがに心に響いたようで、涙を流しながらうなだれました。

でも、こうなったのは、ご両親が小さい頃から彼女に期待をかけ過ぎてきた結果だったのです。

毎日毎日、勉強ばかりで、友達とも仲良く遊ぶことができなくなって孤立し、やがて母親とぶつかるようになって、最初は親が強かったのが、彼女の方が腕力が強くなって母親に暴力をふるうようになる……。

つまり、小さい頃は親の期待に合わせて〝いい子〟を演じていただけで、肝心の人間関係で大事なことや情緒が養われておらず、中学に入ってからその心の歪みが一気に爆発してしまったのです。

最初にぶつかってきた時に、それをSOSとして気づけばこうはならなかった。それは親の無知です。

もちろん、親御さんは愛情を持って子育てをし、子供の将来を考えてあれこれ気を配ってきたのでしょうが、それが裏目に出てしまっては、愛する我が子が大変なことになってしまう……そのような例を、私はこれまで嫌というほど見てきました。

そうならないように、親は親の願望を押し付けるのではなく、子供の心、情緒を育てることをぜひ心がけていただきたいと思います。

子供を一人の人間として尊重し、よく話を聞いて理解し、愛のある接し方をすること。それは決して、ただ甘やかしたり、自由奔放にするという意味ではありません。

先ほどお話ししたように、正しい言葉づかいや美しい所作など、自分の失敗談から得た気づきも伝えながら、マナーや思いやりの大切さを教え諭し、子供の将来を見据えた幅広い知識を与えることです。

親の威厳を保とうとして、「自分は若い頃にこんなことができた、こんな才能があった」などという自慢話をする方がいますが、そうではなく、「自分はこんなことで失敗をした、こんなことを知らず、こんなことに気づかずに私は恥ずかしい思いをしたからお前は気をつけなさい」などということを伝えてほしいのです。

実際、その方がよほど子供のためになりますし、子供は親が思っている以上に、心の中では親を大切に思っています。

子供が正しい理解力や判断力を養えるよう導くとともに、親の良い点は学び、悪いところは真似をしないようにと、親自身の経験を交えて人生のさまざまな知恵を子供に教え諭していく。それが人生の先輩としての親の役目だと思います。

Part 3

# 恋愛・パートナー

## Q18 独身者なら誰もが気になる〝赤い糸〟とは？

このパートでは、主に恋愛問題や結婚、パートナーとの関係についてお尋ねします。恋愛や結婚で悩んでいる人も多いと思いますが、そもそも運命的な〝赤い糸〟はあるのでしょうか？

結婚を前提にしておつき合いするカップルや夫婦になる男女の関係を、俗に「赤い糸で結ばれた運命の相手」などと表現しますが、特別なご縁があるからこそ、一組の男女が出会い、親密な関係や夫婦になるのは確かだと思います。

私のところにも、未婚の女性が来られて、

「私はいつ結婚できるでしょうか？」

「彼は赤い糸の相手でしょうか？」

といった質問をよくされます。

お互いにどんなに離れた場所に生まれ育ったとしても、見えない運命に導かれるように出会い、気になる存在として相手を意識し、まるで磁石が引き合うように結ばれていく……。それを〝赤い糸〟と呼ぶのであれば、まさにその〝赤い糸〟こそ、生まれる前から決まっている運命的なご縁と言えるでしょう。

ただし、一口に〝赤い糸〟といっても、その種類は実にさまざまです。

そのお相手は、もちろん一人だけの人もいますが、二人、あるいは三人と複数の人もいますし、なかにはさまざまな理由から、一人もいない方もいます。

また、過去世（前世）での貸し借りを清算するために夫婦として結ばれることもあれば、先祖同士の関わりによって結婚するご縁、過去に受けた恩をお返しするために現世で夫婦になるご縁、あるいは、難病で生まれる子供の親になるために夫婦になったり、過去世は子弟や親子だった関係が、現世では対等なパートナーとして魂を磨き合うご縁もあります。

このように、一口に〝赤い糸〟といっても、運命の人との出会い方、出会う時期、出会ってからのプロセスなどは人それぞれ、まさに千差万別です。

気の合う異性の友達のままであったり、恋人止まりで結婚に至らない場合や、なかには、不倫や愛人関係になる場合もあるかもしれません。

逆に、恋愛感情はなくても見合い結婚で結ばれるご縁もあり、必ずしもロマンチックな出会いイコール〝赤い糸〟というわけではありません。

本人は〝赤い糸〟をつかむつもりでも、年齢を気にして焦ったり、理想が高過ぎたり、相手の心を見ずにうわべの条件ばかりが目に入って、間違った〝黄色い糸〟の人を選んでしまう場合もあるようです。

そして、例え好きで好きでたまらない相手であっても、それ以上進展する縁（赤い糸）がない場合には、結ばれることのない関係も人生にはあるものです。

その〝ない縁〟にすがって、一方的に〝赤い糸〟を期待しても、自分が失望するだけでなく、相手や周りの人まで不幸に巻き込むことになりかねません。

以前相談に来られた若い男性も、〝ない縁〟にすがって自分を見失いかけていました。

「好きな人がいるのですが、その人といつ結婚できるでしょうか？」

と言うので、透視をしてみると、相手の女性はすでに結婚をしていて、近々、子供も生まれる予定でした。

「残念ながら、あなたとその女性には縁がないので、新しい縁を探した方がいいですよ」と申し上げました。

しかし、その男性は引きさがらず、

「彼女は選択を間違っている。僕の方が彼女を強く愛している。彼女を幸せにできるのは僕の方だ」と言い張りました。

彼の一方的な思い込みです。

その男性に対し、少し厳しい口調で、

「あなたのその感情の激しさを直さないと、新しいご縁を結ぶこともできませんよ」

と忠告したところ、

「その激しさが嫌いと言われた」と、やっと認めました。

手に入らないものを無理やり手に入れようとしても、それは決して良縁にはならないのです。

男性女性に限らず、世の中には、このような独りよがりな妄想で相手の人生に強引に干渉しようとしたり、あるいは、略奪婚をしたものの結局破綻したり、自分も同じように恋人やパートナーを略奪された、といったケースもあります。

これは、「自分の寂しさを埋めてくれる人を手に入れたい」「人の物がほしくなる」という我欲であり、それ自体がカルマです。

本当にご縁がある人同士は、多少時間がかかったとしてもいつか必ずつながるものです。

また、自分の一つのカルマの清算が終わると、それまで出会えていなかったパートナーと出会えることもあります。

それを肝に銘じて、今、目の前の相手が一時的な我欲による対象なのか、本当に必要な縁なのかをよく見極めることが大切です。

## 19 うわべだけのカッコよさを気取っている若者たちの共通点

男女関係に関して、最近の若い世代で何か気になる傾向はありますか?

自分と相手との相性を知りたいとやってくる若い方の恋愛相談も多いのですが、問題は、相手のうわべだけしか見ていない人が多いことです。

容姿や学歴、どんな職歴か、どれほど財産があるか、相手の親と同居をしなくてもいいか……などなど。特に疑問に感じるのは、髪型やファッションなどの容姿だけにこだわって、その人の中味がともなっていない、つまり、心は未熟なまま、相手に対しても見た目のカッコよさだけを求めているような若者が少なからずいることです。

それにはいろんな理由があると思いますが、一つには、テレビや雑誌などのマスコミの影響も大きいのではないでしょうか。

しかしながら、メディアに登場している人は何万人に一人ぐらいの割合でしょう。誰もが同じように華やかな世界で注目を浴びられるわけではないことも、十分考慮すべきです。

にもかかわらず、まるで自分も芸能人かモデルのようにお金をかけて派手に着飾っている人も増えているようで、なかには韓流スターのようなヘアースタイルをしている男性や、高級なバッグを片手に雑誌から飛び出してきたような奇抜な服装をしている女子中学生や高校生もたまに見かけます。

そのような若者を見るにつけ、親御さんは適切なアドバイスをしてあげているのだろうか？　お金は親が与えているのかな？　などと思うこともあります。

先日、親御さんと一緒に相談に来られた若い男性も見るからにお金をかけた姿で、見かけは社会人かと思ったら中学生だったので、驚いてしまいました。

ヘアースタイルにもそうとうこだわっている感じでしたが、話を聞いてみると、親が小さい頃から何でも買い与えていたそうで、その彼が見た目だけカッコよく気取っていることが仲間外れの原因になっていることに、親も本人も気づいていませんでした。

もちろん、おしゃれなファッションを楽しむことが問題なのではありません。問題は、年齢やＴＰＯにふさわしい服装やファッションをしているかどうかで、あまりにも場違いなものや、芸能人のように高価なものを着飾ることでプライドを満足させ、人から注目されたいというのはいかがなものかと思います。

場違いというのは、若者たちの間で流行になった「空気が読めない人」とも重なる部分がありますが、それよりもむしろ、「周囲の人よりも目立ちたい」「注目を浴びたい」という強い自己主張の現れではないでしょうか。

悲しいことに、「目立つことをし過ぎて孤立している」ことに気づいていないのです。

さりげないところにセンスの良さが現れているファッションとは違って、そこには「少し勘違いしているのでは!?」と人目に映ってしまうような違和感があるのです。

そのように、うわべだけのカッコよさを気取っている人に共通しているのは、親が小さい頃から何でも買い与えたり、甘やかして育ててきたことで、親自身が、同世代、同級生という一つの「団体行動」の大切さを考えることもせず、我が子に教えることさえ知らなかったのではないでしょうか？

知識不足のゆえ、後になって親も子も悲しみ苦しむことになるのは、何と残念なことでしょう。

## 20 子供を甘やかす親の勘違い

甘やかされて育った子供は、どんな問題を起こしやすいのでしょうか？

子供が可愛いからといって、我慢することや人とのコミュニケーションの大切さ、物事には程度があることなどを教えずに甘やかして育てると協調性も知らず、当然のことながらわがまま勝手な人間に育ちます。

その親御さんもそうでしたが、男女交際についても思春期の頃から何でも「いいよ、いいよ」と〝ものわかりがいい親〟を演じていたようです。

子供が中学生の頃、「友達の家に泊まってくる」と言えば、どの子の家に行くのか、誰と一緒に泊まるのかも聞かずに、「いいよ、いいよ」と送り出す。

泊めてあげる家の親も、相手の親の許可を得ているかどうかも確かめることなく、子供たち同士が勝手に寝泊まりしている……。

それが男の子同士や女の子同士ならまだしも、異性の友達であってもおかまいなく親が放任しているから、子供たちが裏で夜遊びを覚えてしまうのです。

今の親御さんの中には、我が子が中学生であろうと、親は全く口出ししないことがものわかりがいいのだと思い違いをしている方もいるようで、子供はそれをいいことに親に嘘をついて夜な夜な異性の友達と遊び歩くようになる……。

その結果、望まない妊娠や中絶などの問題が生じて、後悔するケースがとても多いのです。

その場限りの親の甘さが、結果的に、その子にとっても親にとっても不幸を招いてしまうということです。

ものわかりがいいことと、だらしのなさとは違います。

何でもかんでも許してしまうのは、だらしのなさで、そのように育てられた子供は、男女の関係においてもだらしのない人間になってしまいます。

また一方で、子供を甘やかす親とは対照的に、親の権限を強く出し過ぎて、子供の気持ちや言い分を聞かずに口うるさく小言を言ったり、一方的に叱りつけているような場合にも、やはり子供は精神バランスを崩したり、非行に走りやすくなります。

それは子供の心を養う本当の厳しさではなく、単なる親の横暴です。相談に来られる親御さんは、ほとんどがそのどちらかです。

どちらも極端で、バランスを欠いている。これこそが親の知識不足です。

相手のうわべだけしか見られない若者も、そんな親の無知がもたらした結果とも言えるのです。

子育てにおいても、将来悔いを残さないためには、過去はどうだったかを省みて、そして未来のことまでしっかりと見据えながら、正しい理解力と判断力を持って今を生きていかなければなりません。

子供なりに言いたいことがあるのに、親が耳も貸さずに、ただガミガミと口うるさく怒鳴ったり、叱るだけでは、子供もたまらなくなって口ごたえするか、やがては堪忍袋の緒が切れて爆発するのは当然です。

何か気になることがあれば、「どうしたの？」「なぜそう思うの？」「あなたはどうしたらいいと思う」などと、きちんと子供の気持ちをくみ取りながら会話をしていれば、決してそのような悲惨な結果には至らないと思います。

親が子供の気持ちを理解するように、子供もまた会話を通して親の気持ちや考えをよく理解するようになるからです。

これが過去・現在・未来をひとつながりで考えるという意味です。過去・現在・未来の視点に立って、正しい理解力や判断力を養うことが、親子に限らず、縁のある人たちと良好な人間関係を築くための知識や知恵につながるのです。

かく言う私も、もしもこの仕事をしていなかったら、親の権限を押し付けるだけの口うるさい親になっていたかもしれません。

いろいろな人の相談に応じる立場であるがゆえに、自分を引くことができるし、どんな人であれ、相手の気持ちをくみ取る努力やこちらの助言をわかってもらうための忍耐力が求められるのですが、なかには何を言っても一切受けつけない〝熟睡しているスピリット（スピリット＝精神・魂）〟もあり、無念に思うこともあります。

## 「怒鳴らなくていい、わめかなくていい、話せばわかる」

Q21 子供が年頃になって交際相手ができた場合、親はどんな接し方をすればよいですか？

実際に、このような質問をされる親御さんも少なくありません。

「娘が二十代半ばになって交際相手ができたらしく、毎日のように夜遅く帰ってくるようになりました。父親としては心配なのでつい叱ってしまいます。どう接すればいいですか？」と。

気になるのはその交際相手で、どんなお相手かによりけりですが、親御さんはそのお相手には会っていないからこそやきもきしているわけです。

「帰りが遅ければ怒る」「結婚できないで心配する」という親の気持ちはわかりますが、年頃になって交際相手ができたことを親に素直に報告するかしないかは、それまでの親子関係がどのようなものだったかによります。

もし、それまでにしっかりと信頼関係が築けている親子であれば、「いつも夜帰りが遅いので、お父さん（お母さん）は心配なんだけど……」

そんなふうに正直に親の気持ちを娘さんに伝えれば、仮にお父さんには言いにくくても、お母さんには、ためらわずに男性とおつき合いしていることを打ち明けてくれるでしょう。

そうすれば、「どんな方なの？」「うん、彼はね……」などと会話ができて、余計な心配をしたり、叱りつける必要もなくなると思います。

子供は親の所有物ではないし、まして大人になってからも口うるさく小言を言ったり、怒鳴ったり、叱りつけてしまっては、ますます親子の間の溝が広がって、やがて気づいたら子供から邪魔者扱いされて孤独な老後を送るはめに……といった結果になりかねません。

要するに、幼児期から思春期に至る過程において、どんな会話をし、どんな関係を築いてきたかです。

日々の暮らしの中で、ちょっとした会話を通じてお互いの気持ちや考えを理解し合い、何でも話し合えるような親子関係を築いておくことがとても大事で、子供が成長してからの将来の関係においても、それがはっきりと現れてくるのです。

親子関係も、過去・現在・未来のつながりの中で考えながら子供への理解力や判断力を養い、今、やっておくべきことをやっておく。それが我が子の成長と幸せを願う親の務めではないでしょうか。

ですので、私はいつも親御さんからそのような相談事があるたびに、「怒鳴らなくていい、わめかなくていい、話せばわかるから」と答えるようにしています。

## Q22 親子関係がその後の人間関係にも影響する

小さい頃から親や家族との意思の疎通がはかられている人は、その後の恋愛関係や夫婦関係にもプラスに影響しますか？

そうだと思います。なぜなら、親子や家族でどんな会話をしているか、お父さんとお母さんがどんな関係を築いているか、子供はそれを見ながら育ち、同じように真似るからです。

「三つ子の魂百まで」と言われるように、どんな親子関係か、どんな家庭に育ったかは、その人のその後の生き方や対人関係に大きな影響を与えるのは間違いないと思います。

小さい頃から親子がちゃんと会話をし合って、意思の疎通がはかられていれば、しっかりと相手の気持ちや考えを受けとめ、また自分の気持ちや考えを伝えることができる大人へと成長できるでしょう。

人間というものは、直接的にも、間接的にも、他の人との関わり合いの中で生きています。まして、親子や兄弟、親族というのは、過去世の縁、つまり、同じカルマを共有する魂の修行仲間。だからこそ、家族という運命的な関係になっているのです。すなわち、子供はカルマにあった親を選んで生まれてくる。なかには、過去世で夫や妻だった人が現世では自分の子供として生まれてくるといったケースもあるでしょう。

とはいえ、そのようなご縁は、何も恋愛や結婚、親子といった関係に限ったことではありません。

実は、それなりのご縁のある人としか、この世では出会わないことになっているのです。

みなさん、考えてみてください。

今、地球の人口は七十億人もいて、この日本には一億二千万人が住んでいますが、その中であなたが人生の中で出会う人はどれくらいか？

更にその中で、ある程度親密になれる人は？

人にもよるでしょうが、普通の人であれば数千人か数百人程度ではないでしょうか。

全人類の数からしたら、ごくごくわずかな数のその人たちとの出会いこそ、何かしらのご縁があるからで、そこにはお互いに気づき、学び合う運命的なつながりがあるということです。

どんなご縁であっても、人は人との交流の中で、喜び、楽しみ、悲しみ、苦しみ、はかなさといった感情や情緒のすべてを感じ、学んでいきます。

その心の土台を形づくるのが親子関係であり、家庭です。

この土台がしっかり築かれているかどうかが、その後の対人関係や結婚生活を左右することにもなります。

子供が小さい頃から親子の会話がしっかりなされて、意思の疎通がうまくいっていれば、親も子も互いを鏡として、自分の不足に気づきやすくなります。

信頼関係があれば、心を開いて相手の言葉を受け入れられるからです。

誰しも、他人のこととなると、「あの人はこんな欠点がある」「あそこがなっていない」などと冷静に分析をします。ところが、いざ自分自身のこととなると、得てして客観的になれないものです。

気づかなくてはいけない自分の欠点に気づかない、そこにカルマの難しさがあります。

ですから、親子や夫婦は共通のカルマを持つ関係だけに、何か問題が生じたり、喧嘩をした時こそ、お互いに冷静になってよく話し合い、意思の疎通をはかるべきなのです。

相手にわかるような言い方できちんと意思の疎通をはかることで、喧嘩やすれ違いの原因に気づき、相手の問題だけでなく、自分自身の不足、欠点にも気づけるようになると思います。

## Q23 身近な関係だからこそお互いに自分の欠点に気づける

身近な関係だからこそ、お互いに気づきが得られやすいということですか？

身近で親密な関係であるほど、相手の欠点が目につきやすいのは確かです。でも大切なのは、そこで感情的になって腹を立てるよりも、なぜその欠点を作ってしまったのか、その欠点は他の人に対してどういう影響を与えるのか、どうすればその欠点を直すことができるのか、といったことを冷静に考え、自分自身にも照らし合わせてみることです。

親の立場であれば、子供の様子がおかしいなと感じた時などにちゃんと話を聞いてあげたか、サインを見逃していないか、このまま子供が大きくなって立派な社会人としてやっていけるか、そのために今、親としての役目を果たしているか、などと冷静に省みる。

子供は、トラブルの原因を親のせいにしたり、責めるよりも、反面教師として学んでいく、親の欠点に気づいたら、自分自身に当てはめてみて同じようなところはないか、正直に自分と向き合い、改めるべき点は素直に直していく。そのように、相手の良いところは真似をし、悪いところは反面教師として気づきを深め、知識を増やしていくことが大事で、その積み重ねがカルマの解消、すなわち魂の向上につながり、幸せへの道となるのです。

親子関係や家庭生活の中で、自分の欠点に気づいて直す。

そのようにお互いに気づき合える関係が築けたならば、そこで培われた知識や知恵はあらゆる人間関係に応用できるでしょう。

## Q24 夫婦がいつまでも円満に暮らす秘訣とは？

夫婦が円満に過ごすには、お互いにどんなことを心がければいいでしょうか？

夫婦というのは、人生の苦楽を共にしながら、心（魂）を磨き合うパートナーです。

一つ屋根の下で、多かれ少なかれ浮き沈みのある多難な人生を共にしていくわけですから、「なれ合いの関係」にならず、常に相手の心理状態をくみ取りながら接することが大事なのではないでしょうか。

第一は、思いやりを忘れないこと。そして、夫婦が円満な関係を続けていくためには、日常生活の〝慣れ〟に流されてしまわないことです。

新婚時代は相手に気を使っていたのに、日々の暮らしの中で次第になれ合いになり、遠慮や恥じらいがなくなり、それまで我慢してきたことでも頭ごなしに相手を非難したり、相手も冷静になれずに感情的に言い返すようになって、やがては罵り合いになってしまうことがあります。

そして、「相手が悪い」という感情のしこりが積み重なって、年を取って気づいた時には、恨みつらみしか残っていない夫婦になってしまう……そんなケースをたくさん見てきました。

縁あって結ばれ、生涯を共にしながらきずなを深め、お互いを高め合えるはずの二人が、冷めきった形だけの夫婦になってしまうのはなんと寂しいことでしょう。

そんな夫婦には、何が欠けていたのでしょうか？

相手への思いやりと尊重。そして、過去・現在・未来をひとつながりで考え、相手への理解や正しい判断力を養うための努力です。

相手に対する思いやりや尊重は、身内意識が強まれば強まるほど、ついないがしろになりがちですが、まさにそこに〝慣れの幸せ〟という落とし穴があるのです。

慣れの幸せにあぐらをかいてしまって、相手の長所を見ずに欠点だけを見て、不平・不満をためていく……。裏返して見れば、それは自分の考えや正しさだけを一方的に押し付けている我欲です。

慣れの幸せの果ては、我欲と我欲のぶつかり合い……それが不幸の種となります。

ですから、いつまでも夫婦円満に暮らしていくためには、その落とし穴に気づいて、ちゃんと相手の長所を見て、相手に対する思いやりや感謝、尊重する気持ちを忘れないようにすることが大切です。

そして、過去・現在・未来をひとつながりで考え、相手に対する理解や正しい判断力を養う努力をしていれば、大抵のことは乗り越えていけるはずです。

もし結婚してから、性格の違いや相性の悪さに気づいたとしても、どんな夫婦も、「もともとは個性が違う者同士」と冷静に捉え、相手への思いやりさえ忘れなければ、信頼関係を深めていくこともできるのです。

例えば、仕事で疲れて帰ってきたご主人に必ず「お疲れさま」の一言を言うとか、またご主人の方も妻の手料理に対して「おいしいね」「いつもありがとう」などと言葉をかけるなど、思いやりや感謝の気持ちを言葉に出してちゃんと伝えるだけでも信頼関係は深まるものではないでしょうか。

## Q25 喧嘩やトラブルの原因は相手に対する知識不足

喧嘩をしても感情的なしこりを残さないようによく話し合うことが大事なのですね？

前著『神様に愛される生き方・考え方』（学研パブリッシング刊）の中でも述べましたが、なぜ人は感情的になるのかというと、それは、相手についての知識、その人に対する理解力が乏しいからです。

相手のことを「わかっているつもり」になっているだけで、その人の本当の気持ちや状況について実はよくわかっていない、正しく理解できていない、だから予想外の反応に対して感情的に反発をする――すなわち、知識不足です。

夫婦関係においても同じで、喧嘩になった時には、ほとんどの場合、そこには我欲の押し付けか、相手に対する理解不足や判断力の欠如があります。

そこで自分の不足、カルマに気づけるかどうかが、幸・不幸の分かれ道です。

先ほども述べたように、そこで感情的に反発したり、責任のなすり合いをするのではなく、相手のその時の状況や事のなりゆきを冷静に捉え直し、自分にも問題や欠点がなかったかを考えてみることが大事です。

そして、最も大事なことは、「どうしてこうなったか一緒に考えてみよう」というような、カルマを共有する修行仲間だからこその、問題を分かち合う言葉を発することです。

そのためにもまず一呼吸おいて、一旦、相手の気持ち、身になって考えてみる。すると、後になってからなぜそのようにするのかが理解できることがあると思います。

そのように、相手に対する理解と知識が増えていけば、例えまた不愉快なことをされたとしても、「全く、しょうがないな……」と軽く受け流すこともできるでしょう。

例えその瞬間は不愉快になったとしても、一晩じっくり考えれば冷静になれるはずですし、また、いくら相手が感情的になっていても、こちらに理解と知識があれば、十のものが三にも二にも減らせます。

これは夫婦に限らず、どんな人との間でも同じですが、何度も言うように、相手に変わってほしいと要求する前に、まず自分が欠点に気づいて直す努力をするのが先決だということです。

よく言われるように、「他人」と「過去」は変えられないけれど、「自分」と「未来」は変えられます。

そのためには、今、その時に自分の不足や欠点に気づいて直していくことです。喧嘩やトラブルなどのもめ事は、その不足、欠点から生じているのです。自分では気づきにくい欠点、カルマを解消する努力が心を養い、魂を磨くことにつながるのです。

特に夫婦においては、親密な関係だけについ相手に自分にとって都合のいい対応を求めてしまいがちですが、パートナーであっても、あくまでこの世の修行仲間であり、自分の心を養うためのご縁であることをどうか忘れないでください。

## 26 〝慣れの幸せ〟に流されないためのアドバイス

夫婦が〝慣れの幸せ〟に流されないために、妻や夫が心がけておくべき点について、具体的なアドバイスがあればお願いします。

まず、妻としては、

一、夫のメンツをつぶさないこと

二、夫を立てつつ、陰で上手に夫を誘導していくこと

ではないかと思います。

世の多くの男性は、メンツをつぶされることを嫌います。まして自分の奥さんにプライドを傷つけられるような言動を取られたら、感情的にならないでというのは難しいものです。

例えば、家庭の中においても、子供の前でご主人の悪口や不満をぶつけたり、直接的な言葉でご主人の意見を否定したり、非難するのは大いに問題です。

もし意見が違うのなら、「ねぇ、ここはこうした方がもっと良くなると思うんだけど……」「それもいい考えだと思うけど、もっとこんな表現で提案した方が周りからあなたの評価が上がると思うんだけど、どうかしら……」といった言葉でさりげなく誘導していく方が賢い妻と言えるのではないでしょうか。

できるだけ相手を立てる会話を心がけることによって、ご主人も妻のセンスや判断力の確かさを理解し、前向きな助言を頼もしく感じるようになると思います。

次に、ご主人が心がけるべき点としては、

一、決して人前で奥さんを怒鳴ったり、罵倒しないこと

二、日頃の労をねぎらう言葉や感謝の気持ちを伝えること

が大切ではないでしょうか。

特に一は、絶対にやってはいけないことです。

相談に来られるご夫婦で、「何をやってるんだお前は！」「本当にお前はダメだなぁ……」などと、拝殿の前で平然と奥さんを罵倒するご主人も少なくありません。

このような場合、奥さんは横で身を縮めてうなだれるばかり、といったことが多いのですが、実は往々にしてご主人に原因があるケースが多いのです。

罵倒するのは、相手をないがしろにしている証拠です。ましてて妻を怒鳴ることで自分を優位に立たせるという、愚かで独りよがりな態度は横暴なカルマであり、知識不足そのもの。

妻を怒鳴りつける自身の姿を周囲にさらすことで、周りの人が身の置き場のない気持ちになることにも全く気づいていないのです。

また、そこまでひどくなくても、人前で自分の妻の悪口や落ち度をあげつらうのも、奥さんの感情を逆なでするだけで、何の解決にもなりません。

仕事で疲れて気持ちに余裕のないご主人も多いでしょうが、どうか慣れの幸せに流されずに、奥さんの心を思いやる気持ちを忘れないでいただきたいと思います。

たまには、「ありがとう」「助かるよ」と言った言葉をかけたり、食器を片付けるなど、ちょっとしたことでも手伝おうとする姿勢があれば、奥さんもうれしいはずです。

自分の気持ちを相手に理解してもらっていると感じていれば、例えその相手から欠点や注意点を指摘されたとしても、心では素直にそれを受け入れられるもの。そのような日々の心がけが、慣れの幸せに流されることなく、夫婦が共に気づき合い、成長し合える関係になれる秘訣ではないでしょうか。

夫婦はお互いに気づき合うために赤い糸で結ばれている。どうかそれを最後まで忘れないでいただきたいと思います。

私事で恐縮ですが、私と主人は神様が取り持つご縁によって晴れて夫婦となったわけですが、私たち夫婦も四十代の中頃からよく話し合い、率先して気づくことを心がけてきました。

しかし、正直に申し上げると、最初の頃は気づきということがここまで大切だとは思っていませんでした。

もし私が神に仕える仕事をしていなかったなら、気づきの大切さについて考えもしなかったかもしれません。

親しい人から欠点を指摘された時こそ、気づく。その時こそ、自分をふり返り、欠点を改めるチャンスです。

それができれば、自分自身の心の成長と共に、相手に対する理解力や判断力も養われます。晴れて結ばれ、人生のパートナーになった者同士、ぜひそんな気づき合える素敵な関係を築いていただきたいと切に願っています。

# Part 4

# 暮らし方

## ✤ 理想だけを追い求めて現実的な努力をしないのは心の未熟さ

Q27

ここからは、仕事や生活、身近な人や動物との関係などについてお聞きしたいと思います。自分にとっての適職がわからない、やりがいのある仕事や職が見つからないと職を転々としている人も多いようです。就職難の時代とはいえ、ある程度の年齢になってもなかなか定職につけないというのは何か問題があるのでしょうか？

人それぞれに事情や理由はあるでしょうが、そのような方の中には、現実よりも理想ばかりを追い求めている方が少なからずいらっしゃるのではないでしょうか？世の中のことがわからないで、ただ頭の中だけで理想を描いていると、何に対しても不足を感じて、心からの満足感が得られないのではないかと思います。

そこには、地道な努力や学びを経ずして、人から認められたいという心の未熟さ、甘い考えがあるのではないでしょうか。

例えば、ジャーナリストになりたいという理想があったとします。

ところが、その道は狭く険しく、実際にはジャーナリストを生業《なりわい》にできる人は限られます。

そのように、理想があったとしても、まずは現実を直視して、客観的な目で自分自身の性格や適性を見つめてみる必要があります。

そして、自分に見合った仕事先の候補を二、三考えて、まずはそこから始め、「石の上にも三年」と言われるように地道に努力を続けることが大事なのではないでしょうか。

どんな職業や仕事であっても、厳しく、辛いことがあります。

しかし、その仕事を通してこの世の現実と向き合い、自分の心を磨いていくことに人生の意味があります。

そこで大事なことは、いろいろな困難にぶつかった時、自分が気づかなければいけない不足や欠点に気づけるかどうか。そして経験を重ねながら新たな知識を増やすことによって正しい理解力や判断力を養っていくことです。

また、どのような仕事であっても人のために役立つ面があり、それぞれに社会的な役割があるはずです。

それを自覚していれば、うわべだけ見て他の職業に憧れたり、コロコロと目移りすることなく、ご縁のあった職場で一生懸命に勤められるはずです。

もしそのような地道な努力をせずに、理想ばかりを追い求めているならば、それは現実逃避や自己過信という我欲であり、心の不足、知識不足と言えるでしょう。

相談に来られる方の中には、三十代、四十代になっても定職に就かず、理想を追い求めている方も少なくありませんが、大抵の場合、その親の育て方に問題があります。

親自身が、小さい頃から子供に一生懸命に勉強をさせ、これだけお金をかけていい大学を出したのだから、もっといい会社や職業に就けるはずだと勝手に思い込んでいるのです。

子供の方も、自分にはすごい才能があって、もっといい仕事に就けるはず、と高をくくってしまっている……。

いい年をして、そのような考え方しかできないでいる方は、そのような思い込みがないか、一度、自分の心の内をよく省みる必要があると思います。

## 28 職場の人間関係も同じカルマを共有する修行仲間

なかには、職場の環境や上司との関係が悪いことを理由に会社を辞めたいと思っている人もいるかと思いますが……そこにも問題がある？

例え上司に問題があったとしても、その上司に見合ったカルマの共有者が部下になっているのです。

職場の人間関係も、家族と同じように同じカルマを共有する修行仲間であり、そこにお互いの課題や学びがあります。

つまり、魂の世界から見たら、その仕事や立場を通じて、それぞれに自分の不足や欠点に気づいて直し、また人の役に立つことによって心を磨き、魂を向上させていくのです。

そう考えるならば、程度の問題はあるにしても、上司の問題を反面教師として捉えることによって、何事も自分自身の学びになるのではないでしょうか。

やがて上司の立場になった時に、自分の部下から果たしてどれだけ信頼され、「良い上司」だと心から言ってもらえるか？

部下はそれを自分の課題として、上司の立場を理解してあげることも大事です。

それには、仕事上の能力はもちろん、心をも磨いていく必要があるでしょう。

仮に上司の部下との接し方などが間違っていたり、自分が嫌だなと思うことは自分もそういうこと（行動）はやらないようにする。さらに一歩進んで、「なぜ問題なのか？」「ではどうするべきなのか」と深く掘り下げて考え、自分自身の判断力を高め、心の向上へとつなげていく。そのような姿勢がかけがえのない財産となるはずです。

上司にとっては、会社の上層部からの指令を受けて成績を上げたり、結果を出さなければいけないというプレッシャーもあるでしょうし、自分の性格やコミュニケーション能力の問題もあるでしょう。それらを部下である立場の人が認識してあげる必要があるのも忘れてはいけないことです。

一方、上司にも、部下に対してどれだけそれをよく理解してもらうかという努力や工夫が求められます。

これは嫁と姑の関係にも通じることですが、上司はかつて自分が部下であったことを思い出して、部下にすぐに結果を期待し過ぎたり、口うるさく小言を言うのではなく、成長を見守りながら、要所要所で部下が理解しやすいような指導をする。

それには一方的な指示や評価を下すだけでなく、部下の意見にも耳を傾け、気持ちをくみ取りながら、きちんと言葉にして意思の疎通をはかることが大事です。

上司と部下、いずれにしても、この世という現実社会の中でお互いに心を磨き合う修行仲間として約束をして「現世ロード」（P7参照）に来ているのです。

それを忘れずに、お互いに、今、与えられている仕事に誠心誠意励んでいただきたいと思います。

## お互いの理解と協力によって成り立つ夫婦共働き生活

Q 29

仕事と結婚の両立は難しそうだとの理由から、結婚することに躊躇している女性も多いと聞きますが、共働きの夫婦の場合、どんな心がけが必要でしょうか？

もちろん、結婚だけが女性の幸せな生き方というわけではありません。

仕事に生きがいを求めて、自由な独身生活を送る女性も数多くいるでしょう。ですが、結婚もまた仕事と同じように、自分の心を磨き、幸せに至るための一つの道です。

仕事と結婚の両立は難しそうだと感じてしまう理由の一つに、結婚後、家事や子育てが大変で、「独身時代が気楽でよかった」などという主婦の不満がよく聞かれることがあげられます。

実際、結婚をするという覚悟、子供を産むという責任感、それらを放棄しているように見える女性もいますし、家事も育児も夫と半々にやらなければ不平等だ、割に合わないと嘆く共働きの妻もいます。

「なぜ夫はボーッとしていて、私だけがいつもご飯の用意をしなきゃいけないの？」と。

でも、夫は何もわかっていないのかというと、口にこそ出さないものの家事や子育てをしてくれている妻の努力はわかっていて、心の中では「ありがたい」「助かっている」と感じているのではないでしょうか。

でも自分のことで頭がいっぱいで、それを言葉に出して言えない……。

ボーッとテレビを見ているようでも、頭の中では仕事のことを考えていたり、職場での立場が上になればなるほどストレスが増えてしまうこともあるでしょう。

つまり、意思の疎通ができない、会話不足。

しかし、そこで、「毎日、お仕事お疲れさま」「疲れているみたいだけど大丈夫？」などと妻が察してあげることが大事で、そうすればご主人も少し気が楽になって家事を手伝ってくれたり、会話がはずむこともあると思います。

そうした日常の積み重ねが、お互いに年を取ってからの夫婦和合につながるのです。

共働きの場合、経済的な面だけでなく、精神的にもお互いの理解と協力によって家庭が成り立っていることをつい忘れがちですが、後になって相手への気配りや会話の大切さに気づいてからでは、まさに〝後の祭り〟です。

現に、相談者の中には、夫に先立たれた後で、「もっとやさしくしてあげればよかった」「こうしてあげればよかった……」と後悔する高齢者の女性もたくさんいらっしゃいます。

もちろん、夫側も同じで、妻の気苦労を理解して、感謝やねぎらいの言葉をかけたり、会話をするように心がけてあげていただきたいと思います。

## 30 不妊治療で生まれた子供と親の関係

今、夫婦の六組に一組が不妊に悩んでいるといわれています。不妊治療をいつまで続けるかはやはり当事者夫婦が決めるべき問題なのでしょうか?

さまざまな理由で不妊治療を続けているご夫婦がいらっしゃいます。不妊治療そのものについて、神様は良いとか悪いとは言われません。子供が授かりにくい何らかの身体的な原因があっても、治療の結果子供を授かった場合、それはそのご夫婦にとっても、赤ちゃんにとっても、とても意味のあることだからです。

魂の関係から見ると、どんな親子であっても、その環境に合う子供がその両親、家庭に生まれてきます。授かった以上は親子のきずながができるわけですから、親はその子を大事に育てていくべきではないかと思います。

# 31 親との同居生活で大事なこととは？

結婚後、夫婦どちらかの親と同居する場合、円満に暮らしていくにはどんなことに心がければよいでしょうか？

結婚後、女性が抱える普遍的な悩みの一つとしてよく話題にのぼるのが〝嫁姑問題〟です。

一昔前までの〝嫁姑問題〟イコール〝嫁いびり〟といったケースは少なくなってきたものの、同居の場合は、嫁、姑どちらにもそれぞれに心労があるようです。

よくあるケースとしては、食事や家事などで嫁と姑が主導権争いをして、嫁がご主人（夫）を味方につけようとしてトラブルになることです。

程度の問題はあるにせよ、いつもご主人を独占していたいとか、お姑さんが作ったご飯は夫に食べさせたくないといった態度を取るのは、お嫁さんの我欲です。

お嫁さん自身もいずれ母親になれば、姑にもなるのですから、そのような我は不毛であることに気づいてほしいと思います。

「親子の情　邪魔してみたとて　いずれ迷わず　その道を行く」（『幸せの詩が聞こえる』主婦と生活社刊より）

親子として培われてきた情は深く、それを絶ち切ることはできないし、やがては自分も同じ道を辿るということです。

自分の親のことを考えればわかるように、例え至らないところがあったとしても自分を産み育ててくれたという事実、それはこの世で成長する機会を与えてくれたという意味で、とても有難いことではないでしょうか。

ご主人の親御さんもあなた方と同じように我が子を大切に思い、ある時は厳しく叱り、でもその日の夜は眠っている我が子を見て涙を流したりしてくれたはずです。そのような親の愛に育まれながら大人になったからこそ、あなたも今のご主人と出会えたのです。

また、嫁と姑という関係であっても、魂の法則から見れば、カルマを共有しているからこそ家族になったのであって、そこにはお互いに取り組むべき課題があります。

それを考えれば、例え夫の親であっても、決してないがしろにはできないはずです。

その一方で、お姑さん側にも気を付けていただきたいと思うこともあります。

お姑さんは、何十年とその家を守ってきたという自負とプライドがあります。それはそれで当然としても、その家のやり方、知識をすぐにお嫁さんに覚えさせようとしたり、若夫婦のやり方に対してあれやこれやと必要以上に口出ししたり、息子さんにかまい過ぎるのはやはり問題です。

かつて自分が嫁だった時のことを思い出して、温かい目でお嫁さんを見守りながら若夫婦との間に適度な距離を取る心配りをすること。それがお嫁さんとの良好な関係を築くことになり、若い頃には気づけなかった自分の欠点に気づくきっかけにもなるはずです。

もしも今、嫁姑問題で頭を悩ませているのでしたら、ぜひ次の詩を読んでみてください。

「嫁姑がいがみ合う　されどもカルマで　親子だったかも」（『幸せの詩が聞こえる』より）

もしかしたら、過去世で背負ったカルマを二人で乗り越えるために、嫁姑という形でこの世で再び巡り合ったのかもしれません。
ですから、多少の苦難があっても、それを心の修行として捉え、相手を責めるのではなく、許すこと。そして、自分の性格の悪い点や不足があるところを直すように努力していただきたいと思います。

## 32 いずれ行くわが道

年老いた親との同居生活を円満に続けるには、許すことが大事ということですね？

誰もが親と同じように年を取ります。
いずれ行くわが道です。
それがわかっているようで、わかっていないところに親子関係の難しさがあります。

年老いた親が、物忘れをしたり、歩く動作や食事の食べ方が遅くなると、ついイライラして怒ってしまうのです。

誰でも年を取ると若い頃のように手足が思うように動かなくなるし、思うように噛めなくなります。

ですから、そこで「遅い」「汚い」と怒ったり叱りつけるのではなく、あらかじめティッシュかおしぼりを用意してあげたり、食べやすいように細かく切って出してあげる。

小さなお子さんがいる場合はなおさら、そのような思いやり、配慮が大事で、それを子供がしっかりと見ていることをどうか忘れないでください。

自分の親が、おじいちゃん、おばあちゃんにどのように接していたか、それが子供にとって一番の模範になるのです。

「子供は親の背中を見て育つ」、どんなに時代がたっても、それは昔も今も変わりません。

## 33 認知症の親を介護する時の心がまえ

高齢化社会になって、認知症の親を抱えた人も増え、家族による介護の難しさが問題になっています。どんなことに気をつければいいのでしょうか？

確かに、今の世の中では、認知症の問題は大変難しい問題です。

施設などの受け入れ体制の問題もさることながら、家族が介護をする場合、認知症の当人には記憶力や判断力の低下があって、家族にとって適切な対応の仕方がわからなくなってしまうことがあるからです。

認知症といっても、程度によって状態が違い、何でもかんでも忘れてしまうわけではありません。

しかし、面倒を見ている家族としてはついつい注意するのが習慣になって、いつも怒ってばかりになる、といったケースも多いようです。そうなると、当人が余計に萎縮し、いじけてしまって、親子関係が悪化してしまうこともあります。

以前、こんな相談がありました。

認知症になった夫の母親の面倒を見ているお嫁さんが、義母が自分の言うことを聞いてくれないと、いつもご主人（夫）に文句をぶつけていたそうです。

それを知っていた義母は、口では嫁に対抗できないので、何をしたか……。

ある日、嫁にお風呂に入れてもらっていた時に、浴槽の中で排便をしたのです。わざと義母が嫁を苦しめるためにしたと言っては嫁が怒る。お嫁さんはその汚れを洗い流すのではなく、わざわざ義母の息子であるご主人を呼んできて、こんなひどいことをしたと訴えます。

その現場を見た息子は、カッとなって、認知症のお母さんに暴力をふるった。

お母さんは抵抗できずに悲しい表情をしながら、あれほど慈しみ育てたはずの息子に身体をつかまれ、ふりまわされ、殴られている。

そんな義母の姿を満足げに見ているお嫁さん……。

ところが、義母は、今度は仕返しとばかり、夜はオムツをしているのにもかかわらず、布団に排便をして、汚物を手で塗りたくる。

そのようなことがずっと続いていたと言います。

これは明らかに意識してやっていることで、どんなに年老いて認知症になったとしても、本人にはプライドがあるということです。誰でも、八十歳、九十歳になっても人から怒鳴られたり叱られたりしたくはないでしょうし、まして我が子からの暴力は血の涙を流すほど無念なのです。

ましてそれまで嫁との関係がうまくいっていなかった場合には、なおさら感情のしこりが残ってしまうでしょう。

関係が極端に悪化してしまった場合には、お互いに距離を置くためにも施設にお世話になるのも一つの方法かもしれません。

更にもっとひどい場合は、家庭で介護を受けていた親が、家族に遺書を残して家の玄関で首つり自殺をしたというケースもありました。

自分に対して辛く当たった嫁や息子に対して、「一生、恨んでやる」と遺書を残して……。その姿を見たお嫁さんは、ショックで精神バランスを崩しました。

これは実際にあった話ですが、この場合は、決してお嫁さんだけに問題があったわけではありません。

それまでの家族の間の関係がどうであったのか？　どんな関係を築き、話し合いをしてきたのか？　そこに大きな原因があったとも言えるのです。

私も自分の父親を家で看取りましたが、介護はお年寄りと会話をしたり、オムツを交換したり、お風呂に入れるなど、心身共に大変な重労働です。

お互いに気を使いますし、家族だからという甘えも出て、それだけに難しい面があります。ですが、お互いにプライドや見栄を捨てて、心と心を通い合わせるように努力することで乗り越えられる面もあるはずです。

そこで一番大事なのは、夫、妻のいずれの親に対しても、「いずれ行くわが道」という気持ちで許すこと。そして、人生の先輩として尊重する気持ちを忘れないことではないでしょうか。

これは〝当たり前のこと〟のようであっても、日々の重労働の中でつい忘れがちになるので、ことあるごとに自分に言い聞かせ、よくよく心に留めておくべきことだと思います。

## 老後になって我が子にしがみつかないために

## Q34 将来子供に面倒を見てもらう親の側としては、どんな問題がありますか？

「これからの夫婦二人きりの老後生活で、相手が亡くなって独りになったら寂しい。けれど、自分の子供に面倒を見てもらうのは嫌」と言われる高齢者の方も少なくありません。

この言葉の裏には、

「老後を夫婦二人だけで暮らす計画やそのための努力もしてこなかった」

けれども、

「子供との間に十分な信頼関係を築いてきたという自信もないので今更頼るのも……」

という意味合いが含まれています。

要するに、過去・現在・未来というつながりの中で考えて行動してこなかったのです。

また、独りになったら寂しいから、その時になって子供にすがろうとしても、それまで離れて暮らしていた子供からすれば、ただ困惑するだけです。

子供には子供の人生があり、生活があるからです。

親は、子供が社会に出るまで成長を見守り、親としての役目を果たすことが大事で、子供が社会人となり、所帯を持ったら、「ありがとう、苦労はしたけど子育て楽しかったよ」と子供に告げて、親離れ、子離れをしていくものです。

それ以上子供にしがみつかないことが、その後もお互いに成長し合える良い関係を維持できる。であるならば、子供が親もとから離れる前から、自分が六十代、八十代になったらどんな生活をしたいかを思い描いて、そのために今、何をしていけばいいかを考え、実行することが大事です。

老後の生活に向けて、自分たちなりの趣味や生きがいを持つ努力をしておくこと。それをせずに、結果的に子供にしがみついたり、負担をかけてしまうのは、親としてはいかがなものかと思います。

実際に、それが原因で親子間のトラブルを抱えている方々もたくさんいらっしゃるわけですから。

## 35 老後の生活に向けて趣味や生きがいを持つことの大切さ

老後の生活に向けて趣味や生きがいを持つ努力が必要だとのことですが、木村先生ご自身の場合はいかがですか？

私自身、そのように四十代の頃から二十年ごとの人生設計を考えてきました。

今は長生きする人が増えて、八十、九十代でも楽しく過ごされている人も多いわけですが、そこまでいく前に七十代の〝健康の壁〟があります。

つまり、老後の生活を考えたら、まず健康を維持するための知識と努力が必要です。

ですので、私たちも「夫婦でその壁をどう乗り切るか」についてよく話し合い、知識を深めながら、食事の内容を見直したり、二人で散歩に出るなどできるだけ運動することを心がけています。

健康管理は、かなりの部分は自分たちの心がけと努力次第でできるのに、それを怠っているると七十代の壁にぶつかってしまうかもしれません。

以前、不眠に悩んでいた七十代半ばの女性が相談に来られました。病院でも原因がわからないとのことで、その女性は霊障《れいしょう》のせいではないかと考えていたようです。ところが、透視をしたところ霊障ではなく、運動不足からリンパの流れが滞り、それが原因であることが神様のお諭しによってわかりました。

そこで、私は彼女に、リンパの流れをよくする体操をしたり、寝る前に入浴して身体を温めるようにお伝えしました。

ところが、数日後、彼女の息子さんから手紙が来て、そこにはこう書かれていました。

「霊障を取り除いてもらいたくて行ったのに、運動をしろとはどういうことだ？　すぐに治せないなら意味がない」と。

このように、本人の努力によって改善できることもあるのにもかかわらず、自分の思い込みどおりの結果をすぐに出してもらいたいというのであれば、私も立場上困りますし、相談者の知識不足とも言えるのではないでしょうか。

健康問題についても、自分で知識を得て、できることは実践していく必要があります。

そして、老夫婦であれば、誰もが直面するであろうパートナーの死の問題があります。

ある日朝起きたら、どちらかが息をしていなかった……。当然、ショックで涙を流すでしょう。

しかしそうはいっても、いつまでも泣いてばかりはいられません。

そんな時、子供のお荷物になったり、しがみつかないためには、老後を迎える十年、二十年も前から自分の趣味や生きがいを持つことが大事です。

趣味も一つだけとは限らず、いくつか持っておいてもいいと思います。例えば、いくら本が好きだからといっても、毎日ずっと読書ばかりはできません。運動だけでもダメ。友達がいればいいと言っても、相手が亡くなれば……。

ですので、私は読書や運動以外の趣味を持つようにしています。

といってもなかなか時間が取れず、習得するのに時間がかかっていますが、「そんな暇がない」と言っているうちにあの世に行ってしまうので、諦めずに挑戦し続けているところです（笑）。

## 36 会話を楽しめる関係と素直さが孤独を遠ざける

どんな夫婦でも「いつかは独りになる時がくる」という覚悟が必要なんですね？

そう、その覚悟です。

覚悟をしていれば、準備ができます。その準備の中には、幅広い知識も加えておくべきと私は思います。

そうすれば、いざその時がきても、幅広い知識が心を救ってくれますし、自分なりに生きがいを持って暮らせるので、ずっと悲しみに打ちひしがれたままであったり、それまで離れ離れになっていた子供のところにしぶしぶ引き取ってもらうようなことになったりして、肩身の狭い思いをするということもないでしょう。

そのためにも、子育ての手が離れたら、老後の生きがいを持つことです。

囲碁や将棋、園芸や菜園、詩吟や小唄、釣りや山登り、写真撮影や鉄道旅行など、それまでの趣味を堪能するのも良し。また今は、いろいろな社会人サークルもあり、絵画やきり絵、書道や手芸、俳句や短歌、音楽やダンス、スポーツやヨガなどの健康法、語学や料理教室など、何でも学べて、そこで気の合う仲間とも出会えます。

また、人によっては、子育て支援や障害者支援、自然保護活動やガイド、地域おこしなどのボランティア活動も生きがいになるでしょう。

頭から「自分にはできない」「向いてないんじゃないか」と決めつける前に、興味があればまず出かけて行って試しにやってみることが大事で、意外に自分に合っていたり、子供のように無邪気に楽しめたりするものです。

自分一人でできる趣味もいいですが、できればそれだけでなく、人と会話を楽しめる趣味も大事です。そのようなお相手がいれば、お互いに言葉をかけ合えられるため、精神的にもいいですし、小まめに口を開くことがいい運動にもなり、夜も熟睡できます。

社会人サークルのような場は、趣味や価値観が合う人の集まりですから、自然に打ちとけやすくなります。そこで出会った人と親しくなれば、家族や職場とはまた違った関係が築けて、何かあった時にもお互いに助け合い、支え合うこともできるかもしれません。

そのような場合も、人間関係において一番大事なことは、素直さです。子供のように素直な人であれば、初対面同士でも好感を持たれますし、趣味やそこでの人間関係を通じていろいろ気づきが得られて、知識もどんどん吸収できます。

決して〝いい人〟を演じるのではなく、誰かに何かをしてもらったら「ありがとう」、わからないことがあれば「わからないので教えてください」、失敗したら「ごめんなさい」、そんなふうに言える素直さが大事です。

素直な人は、見栄やプライド、勝ち負けにこだわりません。自慢話ばかりしたり、自分をひけらかすこともない、仲間うちでも何のてらいもなく、「皆でこんなことをしたら楽しいですね」などと提案ができたり、場を和ませるムードメーカーになれるでしょう。

素直さを持った人は、老後の人間関係においても周囲の人から信頼され、いろんな人たちとも調和していけるのではないでしょうか。

そのように、素直で可愛いおじいちゃん、おばあちゃんになることが、老後の孤独を遠ざけ、幸せへと導いてくれる鍵になると思います。

## 37 老後を気の合う者同士で一緒に暮らす

孤独という意味では、生涯独身のままで子供がいない人も同じことが言えますか？

こちらにも、「独身で子供もいなくて孤独で……」という四十、五十代の女性も多く来られます。

そのような場合にも、同じことが言えます。

新たな出会いによって、心を通わせられる人との関係を築くことが大事で、サークル活動でも何でもいいので、気の合う相手や仲間を作ることで孤独から脱出できるでしょう。

そこで大事なのは、やはり「我」を抑えること。では、〝いい人〟を演じればいいかというと、もちろんそうではありません。

いくらいい人を演じてみても、相手がある程度年齢を重ねていれば、すぐにその人の内面が見透かされ、離れていかれるのが落ちです。

実際に、気の合う者同士で資金を出し合って、一緒に暮らしている女性たちも増えているようです。

こちらにも、そのような生活をしている方々が、全国各地から来られますが、一番気をつけていることは、お互いに干渉をしないことだそうです。

プライベートな部屋は別々で、台所やリビングは共有にして、その時々で一緒に食事を作ったり、たまには外食を楽しんだり……。毎日楽しく、会話も弾むようで、いざ何かあっても安心だと言われていました。

そのようにお互いに束縛せずに、気の合う人と一緒に余生を楽しむ暮らしも、とてもすばらしいと思います。

## 魂の縁がある動物（ペット）との触れ合い

## Q38

**孤独を感じている現代人も多く、動物との触れ合いが生きがいという人も増えていますが、生きがいのある生活を送るためにペットを飼うことなどもお勧めですか?**

そうですね。

ただし、動物もいずれは死を迎えることになるので、それなりに覚悟が必要です。相談に来られる人の中にも、ペットを亡くしたショックを抱えた方々もたくさんいらっしゃいます。

ある方は、愛猫を亡くしてから十数年たってもまだ心の傷が消えていなかったので、別の種類の猫を飼うようにアドバイスをしたところ、それでやっと気持ちが楽になったということでした。

それだけ深い愛情でつながっていたわけですが、人によっては人間以上に心のつながりが強くなる場合があるために、亡くなった時にはダメージが大きいことがあります。

裏を返せば、それだけ縁が深いということです。

よく「飼い主に似る」と言われますが、そのとおりで、似ている魂だからこそ出会い、ご縁があってその家にやってくるのです。

以前は猫嫌いだった私の家でも今は猫を飼っているのですが、その猫は性格が真面目で頑固、我慢強い。清潔好きで、家族皆が可愛がっているのですが、決して自分から甘えようとはしません。

ある時、息子や娘と一緒に、「誰に似たんだろうね」と話をしていていたら、「お父さんに似てない!?」と三人の意見が一致し、冗談まじりに「歩き方までよく似ている」と笑い合ったものです。

今、一番その猫を可愛がっている主人にそう言うと、「私の誕生日は昭和一八年八月でこの猫は平成十八年八月、似てるんだよナァー」とうれしそう。

その猫が病気になった時、病院の先生は大丈夫と言ってくれたのですが、主人が心配のあまり、猫の傍に寝て、つきっきりで一晩過ごしたことがあり、それ以来その猫が主人に対し「お父さん第一！」。主人が不在の時は、夜中でもお父さんを悲しそうな声で呼んで泣くため、私はギブアップ状態です。ですから、主人が困るのは、猫を置いてどこにも出かけられないことです（笑）。

また、近所にも捨て猫の面倒を見ている方がいて、その方は前に住んでいた家では、多い時で二十数匹も飼っていたそうです。

餌代もさることながら、病院の診察代もかなり高額になるにもかかわらず、それでも自分の子供のように可愛がっていて、主人と会うといつも猫話で盛り上がっています。

そのように、動物を飼っていると、同じ動物好きの人と自然に会話ができてくるので、つながりも広がります。

猫だけでなく、犬も同じように、人間が話しかける言葉をきちんと理解しています。ですので、家族の一員として動物（ペット）を飼うことはとても大切で、生きがいのある生活を送る上でも意味のあることだと思います。

# Part5

# 生き方

## 新たな時代を築くための新たな知識

この最終パートでは、社会のことや人としての生き方についてお聞きしたいと思います。木村先生は前著『神様に愛される生き方・考え方』で「時代が大きく変わっている」と述べられていましたが、これからも社会のいろいろな面で変化が続いていくということでしょうか？

はい、そう思います。

これまで、昭和の時代から平成の時代へと変わっただけでなく、戦後からはすでに六十八年がたっています。

終戦直後の日本は、まさに焼け野原で、物も食糧も何もない状態でしたが、戦前生まれの大人たちは、そんな貧乏のどん底の生活の中で子供たちを育てあげました。

そんな時代の子供たちがもう六十代後半となって、すでに社会の一線から退き、更にその子供たちが、社会の中心的な立場に立つようになろうとしているわけです。また、高度経済成長期に青春を過ごしてきた世代と、今の若い人たちとでは考え方や価値観も大きな違いがあるでしょう。

そう考えると、「五十年一昔」と言われるように、すでに時代が一区切りして、世の中そのものが変化しているのは当然と言えば当然かもしれません。

例えば、遊びや勉強にしても、私たちが小さい頃とは違って、今の子供たちは小さい頃からゲームに馴染み、パソコンやインターネットは当たり前のように使いこなしています。

今、流行しているスマートフォンなども、私たちの世代にとっては至難の業ですが、若い世代はなんなく使いこなせて、たくさんの知識を得ることができます。

また、政治にしても、古いタイプの政治から新しい時代の政治を志す人が増えているように思います。これも時代の変化で、一般の人たちの知識が豊富になったことと関係しているのではないでしょうか。

私たちが小さい頃は、専門的な知識や教養を得られる人は限られていました。

応接間には高価な洋風の家具が置いてあって、お父さんの書斎がある、そこでお父さんが子供たちにたくさんの書物や会話を通じて知識を伝えていく……誰もがそんな小説やマンガの中に出てくるような家庭に憧れを感じていたものです。

それが今は、全国各地に図書館や書店がたくさんできて、書斎がある家も決して小説やマンガの世界に限らないし、本やインターネットからいつでも誰でも知識が得られるようになりました。

私たちの親の時代のように、簡単に知識が得られなかった頃から比べれば隔世の感がありますが、そのような何千、何億という知識が積み重なって古い知識が正され、新たな常識となっていることを考えれば、どれだけ知識が時代を大きく変化させてきたかがわかります。

私のようなごくごく一般人が、何冊もの本を出版させていただけること自体が、何よりもそうした時代の変化を如実に物語っているように思います。

これは、多くの人たちがいろいろな形でさまざまな知識を得られるようになって、物事の理解力や判断力が深まり、良くも悪くも一般庶民が自分の考えを表現できる時代になったということではないでしょうか。

二〇一二年に騒がれた「マヤの予言」にしても、世界人類の終わりではなく、一つの時代が終わって新たな時代が始まる。つまり、世界的に見ても今は大きく変化を遂げていく時代の節目なのではないかと思います。

これからも、新たな知識が新たな時代を築いていくのです。

知識の大切さについては、前著でも述べたのでここでは繰り返しませんが、一つだけ例をあげるとすれば、二〇一二年度のノーベル生理学・医学賞を受賞された山中伸弥教授によるiPS細胞の研究は、日本人はもちろん、世界中の人々にとって、はかり知れないほど大きな影響と希望を与えてくれるのではないでしょうか。

新聞報道によると、iPS細胞の技術は「分化した体細胞を未分化な状態へ戻す初期化を可能とする画期的な発明」であり、「治療困難な難病の原因や病態の解明、新しい治療法や治療薬の開発、薬剤の毒性検査などに新たな道を開く可能性を秘めている」そうです。

また、最近はiPS細胞を用いて絶滅危惧種の保存も試みられるなど、多くの分野での応用が期待されていると聞きます。

このような研究を地道に続けてこられた山中教授の熱意とお人柄もすばらしいと思いますし、周囲のスタッフの方々との関係も、お互いに心と心を合わせた努力の賜物だと思います。

山中教授のように、自分たちの研究の成果、新たな知識を多くの人と分かち合うことでたくさんの人々が助けられるとともに、科学の進歩を促す原動力となるのは間違いないことと思います。

## 今の日本に生まれてきた意味

40

世界的にも時代が大きく変わる中で、日本の役割が問われていると言われますが、今の日本に生まれてきたのもそれなりに意味があるのでしょうか？


はい、その通りです。

なぜかといえば、その国、その地域に見合った魂が、その土地に生まれてくるからです。

親が自分の魂のレベルに応じた子供を宿すように、その国のレベルに応じた魂がその国に生まれ、この世での修行をしていくわけです。

そこで大事なことは、個人においても、また国家においても、悪いカルマを克服し、善いカルマを増やしていくことです。

個人で言えば、自分の欠点に気づいてそれを直し、人知れず、人の役に立つような人生を送ること。そのような生き方をしていれば、心や魂が向上し、その魂に見合った魂を宿すことになります。

すなわち、魂は同じ魂を引き寄せるのです。

「善因善果・悪因悪果」とも言われるように、あくどい生き方をしていれば、それがどんなに人目についていなくても、神様の世界においては決してごまかしはできません。

パソコンにインプットするように一分一秒の精密さでその悪業が記憶され、必ずやそのカルマの清算を迫られます。

そのカルマの善し悪しがプラスになるか、それともマイナスになるかによって、あの世での修行や、次なる輪廻転生の人生コースが決められるのです。

ですから、今の日本に生まれたということにもそれなりに意味があります。

よく言われるように、戦後の日本の復興は、世界でもまれに見るものです。現在の日本は物質的にも経済的にも恵まれ、知識を得ようと思えば誰でも簡単に吸収できて学べる環境が整っているわけですから、心の大切ささえ見失わなければ人間的にも大きく成長でき、他の国の人のためにも役立てるはずです。
和を重んじ、人知れず人のために役立つことを成し、例え身は貧しくとも心の品格を保って真摯に生きることを美徳とするような、かつての日本人が大切にしていた精神をもう一度見直して、自分自身の生き方と照らし合わせてみることが大事なのではないでしょうか。

41

## 東日本大震災によって日本人が気づいたこと

3・11の東日本大震災以降、失われつつあった日本人のきずなや思いやりの精神が再び見直されているのも意味があるわけですね？

はい、大きな意味と気づきがあったと思います。

一つは、有り難み。人の心の有り難み、物の有り難みです。

それまで家族が一緒に住んでいた大切な家が流されて、仮設住宅に移ったり、また家族が離れ離れになった人もいた一方で、助かった人もいたでしょう。

そんな苦しい避難生活を強いられることになっても、「有り難い」と言えるのは、人や物の有難さを心から実感しているからに違いありません。

被災者の方々同士、あるいは被災者とボランティア、そこに関わるたくさんの人たちの間で思いやりの大切さが見直され、そして、「きずな」という言葉が、被災地から日本全国に響き渡りました。

私はあのボランティア活動をされている方々をテレビなどで見て、日本人として〝誇り〟に思い、感動で心を揺さぶられました。

全国、全世界から集まった被災地への義援金はその気持ちの表れだと思います。

また一方で、被災地の惨状を目の当たりにした日本や世界の多くの人が、いつ起こるかわからない大震災に対する備えの大切さについても、改めて気づかされたことでしょう。

不幸な出来事ではあったけれど、その人たちのその気づきこそがとても大事なことで、絶望に打ちひしがれながらも、前向きに生きる希望を示してくれています。

一夜にして家族を失った無念さをこらえ、復興に向けて必死に頑張っている被災地の人たちの姿は、忘れかけていた日本人の心、底力を見せてくれている、そんな感じがしてなりません。

阪神・淡路大震災の時もそうでしたが、いろんな問題はあったにせよ、ボランティアにかけつけている人たちの純粋な姿には、自分の心まで洗われるようです。

震災後、「雨ニモマケズ」の宮沢賢治の生き方が見直されているのも、多くの人が、日本人が大事にしてきた美しい心を取り戻そうとしているからではないでしょうか。

## がんも将来的にはより効果的な治療法ができる!?

42

誰もが気になる社会問題の一つとして、今、二人に一人がなると言われるほど、がんが急増しています。さまざまな原因があると思いますが、どのようなことに注意したり、心がけるべきだと思われますか？

がんになる原因は人によってさまざまでしょうが、やはり食べ物、食事の影響も大きいと思います。一人ひとりが食のあり方を見直し、改善していくことも必要でしょう。

食事を補う食べ物もたくさんあるので、そのあたりの知識を持つことも大事です。例えば、ミネラルや酵素を含んだものや抗酸化作用のある野菜や果物などを摂るなど……その分野の知識や情報はたくさんあります。

二人に一人ががんになっているといっても、がんになった人がすべてがんで亡くなっているわけではありません。

なかには、がんを恐れる余り手術を拒んだり、検査や治療を受けない人もいるかもしれませんが、告知を受けただけで、精神的なショックや恐怖感から精神バランスを崩してしまっては元も子もありません。

実際に数年前にあった話ですが、がんの告知を受けて、治療を始める前に「がんだから一生治らない」と絶望的になって自殺をしてしまった人もいます。その人は手術をしていれば助かったはずなのに……知識が不足していた。

昔と違って、がんは助かる時代でもあるのです。

前述の山中教授によるｉＰＳ細胞の研究など、人体を守る驚くべき新たな研究開発も進んでいることから、いずれがんも克服できる時代が来ることを信じてやみません。

また、がんに限らず、現代医療によって克服できる病気も多いわけですから、現代医療の限界を知るのはもちろんですが、同時に、現代医療でできることをよく知っておくこと、これも知識です。

かつて私たちが子供の頃には、結核は「不治の病」と言われていました。

空気感染することで恐れられ、当時は自宅療養が多く、多くの尊い命が奪われました。

しかし、その後、医療の技術が発達したことで、現代では不治の病ではなくなりました。

最近は耐性結核菌が出てきて薬が効かず、再び集団感染も起きているようなので注意が必要ですが、昔のようにただただ恐れるだけでなく、それを乗り越えていけるだけの人間の知識があり、知恵があると思います。

小児の白血病にしても、この三十年ほどの間に生存率が大きく上がり、かつては不治の病と言われていたのが、現在では治癒率は九〇％と言われているそうです。

何事も一面だけを見て否定的に捉えるのではなく、私たちの中には、危機をチャンスに変えて、それを乗り越えていくだけの知恵の種があることを知るべきだと考えます。

知恵の種というのは、輪廻転生による人から人への正しい知識の積み重ねです。それは世代や時代を越えて必ず後世に引き継がれていくということです。

輪廻というと、つい悪いカルマのことをイメージしてしまいがちですが、当然、善いカルマもあり、陰で人を助け、世のために奉仕をしてきた人も少なからずいるのです。

陰ながら人助けをしている人、世の中の間違った知識を正し、新たな知識を伝える人、よりよい社会づくりに向けて懸命に努力している人、そのような人々がさまざまな苦難を乗り越えながらその種を育てていく。それが社会に役立つ新たな知識を生んでいくのです。

## 神様に遣わされた〝新しい風〟を起こす人たち

神様はそのような人たちに手助けをされているのでしょうか？


そうです。

誤った古い知識を正しながら、その時代にふさわしい、人々の成長に役立つ知識をもたらす人、すなわち、文化や芸術、科学や政治・経済の発展に貢献するような人は、ご本人が意識している、していないに関わらず、神様の世界から遣わされています。

数は多くはなくても、また必ずしも社会的に認められていなくとも、そのような人々が行っている地道な取り組みが周囲の人の気づきを促し、やがては世の中の〝汚れた水〟をきれいに浄化することになるのです。

前述の山中教授もそのお一人だと思いますが、テレビなどで拝見していても飾らない、品格のあるお人柄で、決していばることもなく淡々と自分が成すべきことを成していらっしゃる。

また、科学の分野に限らず、文化、芸術などさまざまな分野にもそのような人がいて、これまではその努力が表面に現れなかった存在だったかもしれませんが、世の中が少しずつ変わってきたことで、いろいろな方々に世間の注目が集まる時代になったとも言えるかもしれません。

私も神様の望むことをさまざまな状況の中でお伝えし、ある時は大変感謝され、喜んでいただき、またある時は「理解してもらえない」ために非難されたりしながら黙々と努力してきました。

それぞれの分野で新しい知識や知恵をもたらしてくれる方々がいるからこそ時代は発展してきたわけで、これからも悪いことばかりではなく、喜ばしいこともたくさん起きてくるはずです。

ですから、プライベートなことを含めて、一時的に困難な問題にぶつかったり、厳しい社会状況に置かれたとしても、決して絶望的になることはありません。

一つひとつ自分の欠点をしっかりと捉え、「原点で何があったか？」を理解することによって乗り越えられることも多々あるはずなので、各自が過去に学びながら、喜ばしい未来を迎えるために、今、できること、しなければいけないことを地道に成していくことが大切だと考えます。

Q44

## 「神様」は信じる理由や出来事があった時、心から信じられる

何か特定の信仰を持っている人の方が、それを実践しやすいということはありますか？

信仰のある、なしには関係ありません。

信仰というのは、文字どおり、何かを「信じて仰ぐ」わけですが、問題は何を信じ

て仰ぐのか、です。

見えない世界を信じるのか。

見える世界、見えるものだけを信じるのか。

あるいは、「自分は神だ」という愚かな人間を信じて仰ぐのか。

それとも、心から尊敬できる「わが師」を信じてついていくのか。

ならば、その師は何を求めて、どんなことを成しているのか。

詰まるところ、その人自身がどんな信仰を持っているかよりも、「自分の心の中に神様を信じる理由があったかどうか」がその人の人生に大きな影響を与えるのではないでしょうか。

もし神様という言葉に抵抗があるならば、普遍的な愛や真理、人間界（俗世）をはるかに超えた清らかな世界と捉えていただいてもいいかもしれません。

いずれにしても、神様の世界から見て一番重要視されるのは、人間の我欲です。ご存じのとおり、我欲にもさまざまな種類があります。

「自分さえよければいい」「自分は他人よりも偉い」「相手が間違っていて自分は正しい」「自分は何でもわかっている」といった我欲や傲慢さ、他人を見下したり、問題の原因を他人や社会のせいにして、自分の欠点や不足を省みない愚かさ……。

そのような心の汚れを作り、心が汚れ過ぎると、悪いことと知りつつ心の歯止めができず、殺人、強盗、職場で人を落とし入れたり、嘘の悪口を広げたりなどが繰り返されるのです。

これが悪いカルマを作ることになるわけですから、「人の世の修行」の一言で片付けるのはあまりにも無念さが残ります。

ですから、私たちは、日々さまざまな知識を得て心を磨き、「自分で自分の心を守り、子孫をも守っていく」という強い忍耐の心、つまり心の修行という信念が大切と思います。

心の修行、すなわち、自分の欠点や不足に気づいて直すための努力をしている謙虚で素直な人は、すぐ反省ができるため、心が清らかで、知識や経験を重ねるごとに心が豊かに養われていきます。

心を養うというのは、相手の気持ちを察する、物事の状況を正しく理解し、判断する、思いやりや気配りができて、どんな人とも調和できることです。

そのためにも、読書をしたり、人の話をよく聞いて理解力や判断力を養い、幅広い知識を増やしていく。そのような努力を続けることが気づきを促し、心や魂の向上につながるのです。

また、信仰のあるなしに関わらず、神はいろんな形で人間を使って、人の世を作っています。

私の場合は、それが透視能力でした。

「なぜ神は私に透視能力を与えたのか？」

私は長い年月、その意味を心の中でずっと考えていました。

当初は、母と同じように、透視能力によって人知れず悩める人々を救うことが目的だと思っていました。

しかし、私への神の要求はそれだけではなかったのです。

気づけないために苦しんでいる方々に「自分の欠点に気づく」ことを教え、そして、その方々が欠点を直すことによって幸せな道へと進んでいくことで、カルマを解消できる。

やがては、環境や時代の変化と共に子孫までもが変わっていけば、日本に住む人々の知識や生き方が変わり、幸せになれる方が増えてゆく。

そうなれば、日本全体に新たな風が吹く――心を養い、魂を磨くための清らかな風が……。

私はやっと、「これこそが神の願いであったのだ」と気づくことができたのです。

このように、私に限らず、お役目がある人は、その人が得意とする能力を社会に活かす形で神様に遣わされています。

そして、この世での役目が終わったら、その魂はあの世での役目に向けて、再びこの世を旅立っていくのです。

先日、急性呼吸窮迫症候群で逝去された十八代目中村勘三郎さんもそんなお一人だと思います。

誰もが知っているように、勘三郎さんは、日本の伝統芸能である歌舞伎界に新風を吹き込みました。

伝統的な古典のほか、女形も踊れる実力を備え、その一方で斬新な演出を取り入れて新しい歌舞伎に挑戦し続けたことで、一般のファンにも歌舞伎が親しまれるようになりました。

それを成し得たのは、勘三郎さんならではのユニークな発想と行動力を与えられていたからこそだと思います。

まだ五十七歳という若さで、これからの活躍が大いに期待されていただけに、無念さを感じている方々も多いでしょう。

またご家族からすると、大変なショックと同時に重圧もあるでしょうが、このような形での旅立ちも、また勘三郎さんのお役目であったと思います。

## 45 動物と人間の間でも魂は転生する！

パート３でも少し触れていただきましたが、動物も人間と同じように死んでもあの世で魂として生き続けているのでしょうか？

はい、もちろんそうです。

そして、魂の世界から見ると、家で飼われるペット（動物）は、人間と同じようにその家の飼い主と魂のご縁で結ばれています。

全くご縁がない、関係のない動物は、その家には来ません。

私の家の猫も、主人と性格が似ているだけでなく、誕生日も一日違いで、それなりの理由があってうちに来たことを神様から教えていただいたことがあり、とても深い魂のご縁を感じています。

かつて「ペット（動物）は人間に生まれ変わらない」「人間も動物に生まれ変わることはない」と言われていましたが、それは事実ではありません。

これまで相談に来られた方々の中にも、実際にそのような例があり、過去世では動物であった魂が人間に生まれ変わることやその逆のケースもあるのです。

すなわち、動物と人間の間でも魂は転生する。たとえ捨て猫であっても、その猫を引き取って家族のように一緒に暮らせるのは、そのようなご縁があるからです。

## 今、この瞬間にでも気づけば運命は変えられる！

## 46

**最近は、自分自身の問題に気づきたくて相談に来られる方も増えているそうですが、改めて「今、なぜ気づきが大切なのか？」について教えていただけますか？**

気づくべきことに気づけないというのは、「自分の欠点に気づけない」のか、あるいは「自分の欠点を認めない」ことがそもそもの原因であることに気づけないでいるのか、です。

言い換えれば、自分の欠点や至らなさを素直に認められる人は、気づくべきことに気づきやすいと言えます。

本当は、誰もが素直さを持っています。

ただ、どうしても、自分は悪くないとごまかしたり、嘘をついたり、言い訳をしてしまう。そして、誰かのせいにすることで、知らない間に心に汚れをためてしまうのです。

幼い子供の頃には、誰もが素直さを持っていたのではないでしょうか？

悪いことをして親に注意されれば、素直に「ごめんなさい」と言えたはずです。

それが、いつの間にか自己弁護をしたり、欠点を覆い隠したまま表面的に〝いい人〟を演じたり、他人から認めてもらいたい、自分では良かれと思って自己主張をしていることに気づかないでいるのです。

ふだん、自分で考えて行動していることや、言葉を発していることが〝悪い〟とは心の中でなかなか理解できない場合が多いようで、ある意味、心が未熟なまま大人に育ってしまったのかもしれません。

誰もが日々、仕事や生活を一生懸命に頑張り、その人なりに気をつけ、努力をしながら生きています。

しかし、この努力や頑張る陰に、〝気づけない苦しみ・不幸〟が潜んでいるのです。というのは、自分の心の中で考えて行動していたことが、本当は第三者から見ると、考え方の不足があったり、周りの方々との差があることにさえ気づかないまま、知らず知らずのうちに良かれと思って未熟な心のままで人生を歩むことになるからです。

そのような、気づけずに良かれと思って頑張る人生は、決して幸せへと至る道ではなく、私が「アンハッピー・ロード（unhappy road）」と呼んでいる道のりと同じではないでしょうか？

例えば、年配の方や若い方に限らず、驚くほど理解に苦しむような話を平気でしゃべり続け、私がそれについて何度質問をしても全く自分の話すアンバランスさに気づけないでいる。

前述したように、会話をする上での欠点、主語、述語、助詞、助動詞などの使い方の間違いにすら気づいていないのです。それらの使い方を間違うと、過去形や尊敬語なども正確に相手に伝わらず、意味不明になります。

これは、「何がおかしいのか」に気づけない部分と、知識不足から来ていると思います。

それゆえ、「自分は絶対に間違っていない!!」という自負の念が強く、気づけないばかりか、認めず、譲れず、非を認めない。その結果、夫婦喧嘩、職場での不和、周囲の人たちとのトラブルなど……が生じているのです。

いずれにしても、気づくべきことに気づけない人が、不平不満ばかり述べて、自ら不幸の種をまき散らしているのです。

最近は、私の本を読んでくださって、「自分の欠点に気づいて直していきたい」と言って来られる方もずいぶん増えてきました。

そのような方は、私が透視をして、

「失礼ながら、あなたはこういう欠点がありますね」とズバリ言うと、

「あっ、そこなんですね。原因は……」と。

親子関係でも夫婦関係でも、トラブルの原因は、子供が悪いのではない、相手（夫・妻）が悪いのではない、自分自身が無知だった、至らなかったのだと……。

「先祖供養をしなければ幸せになれない」と思っている人には、

「あなたが気づいてワンランク上に行けば、ご先祖もワンランク上に行けるのですよ」

と諭せば、それも素直に理解していただける。

そして、似たような問題を抱えている相談者の方々には、一緒に話を聞いてもらうように声をかけることで、「原因を知りたいので一緒にお願いします」と相席される人も増えました。

そうすると、同席した方々も、「ああ、自分も同じような不足があって、それが原因だったんだ」と納得されます。まさに、人のふり見て我がふり直す、です。

ご自身の問題に気づかれた方々が増えることで、一人ひとりが周囲の人たちにやさしくなれて、壁にぶつかった時もすぐに反省できるようになります。

もちろん、なかには「自分は悪くない」と言い張ったり、「お説教を聞きに来たわけじゃない」などと言う方もいますが、ご本人が気づかれて笑顔になって帰られるのが私にとっては何よりも喜びです。

このような変化が起きてきたのも、本を出版してくださったり、テレビに出させていただいたり、またこうして本を読んでくださる皆さんのおかげです。

相談者の方々の心の変化を見るにつけ、正直なところ、私もやっと自分のお役目を心から受け入れて、感謝できるようになりました。

なかにはいじめによる子供の自殺や身内の自殺など、痛ましい出来事を体験されて相談に来られる方々も後を絶ちません。

それもこれも、カルマがあるがゆえの運命であるかもしれません。

しかし、気づけば運命は変えられます。

例え、悪いカルマを持っていたとしても、それに気づけば、人は変われるのです。

例えば、オレオレ詐欺やインターネットで人の悪口や嘘デタラメを流すなど、人を落とし入れるようなあくどいことをもくろんでいる人がいたとします。

でも、「そんなことをしてはいけない」という人の言葉に素直に耳を傾けることができたとしたら、あるいは、被害にあった人の気持ちを少しでも理解したり、人のふり見て我がふり直すことができれば、その時点で留まることができるはずです。

これが、自分の心の醜さに気づいたということで、そこで運命が変わるのです。

もしそこに気づけず、実際に人を困らせたり、悪どいことをしてしまうと、結果的に汚れた魂を増やすことになってしまいます。

魂は同じレベルの魂と引き合います。

親子関係に限らず、この本でも述べてきたように、恋人や結婚相手、職場や趣味の仲間なども同じです。

汚れた魂は汚れた魂を呼び、きれいな魂のもとにはきれいな魂が寄ってくる。それが不幸と幸せの運命を分け隔てるといってもいいでしょう。

また、なかには、周りの人を見下したり、世の悪をただ嘆いてばかりいる人もお見かけしますが、それもその人の持って生まれたカルマであり、その人のカルマは本人のみしか解消、克服できないのです。

## 幸せへとつながる道

47

今、何かの壁にぶつかって苦しんでいる人も、自分のカルマに気づけば必ずその壁を乗り越えられる。そしてその先に幸せが待っているということですね？


そうです。

どんな人でも、多かれ少なかれ、人生の壁、すなわち試練があります。

しかし、試練を乗り越えてきた人は、その苦労した経験を新たな知識として、必ずその後の人生に役立てることができます。

例えば、こんなケースがありました。

若い頃、あるスピリチュアル系の団体に入っていて、そのグループがよからぬ方向に進み始めたことから、そこを抜けるべきかどうか悩んだ男性がいました。

当時大学生だった彼にとっては、そのグループの代表である霊能者が説く教えによってそれまでの暗い人生に初めて希望を見出し、長い間、そのグループの中で活動することが生きがいだったからです。

そのグループでは、従来の宗教では人は救われず、理想社会も築けないとし、一人ひとりが目覚めることでユートピアを築いていこうと会員に呼びかけ、スピリチュアルな世界からのメッセージを一般読者に向けて発信していました。

ところが、代表である霊能者が精神バランスを崩して、「自分こそが世界を救う救世主である」と言い出し、会員（信者）たちもそれを鵜呑《うの》みにして狂信的になり、自分たちが否定していたはずの宗教団体の組織化へと向かおうとしていたのです。

やがて、上層部が会員を欺く金銭的な問題を起こしたり、人を惑わすようなメッセージを出すようになったことから、彼はそこに留まるべきか脱会すべきか大いに悩んだ結果、上層部に公開質問状を出し、会員に警告文を発した上で脱会したそうです。

彼にとっては、情熱を注いだ対象だっただけに、その過去を否定することは自分自身を否定することにもなるので、脱会を決断するまで迷ったそうですが、彼の予想どおり、やがてそのグループはスキャンダルが明るみに出て自然消滅していきました。

後に、グループを離れた彼の姿を透視したところ、炭の入った藁袋の中からスポッと抜け出して、雪道の上を一人で歩いている彼の姿が見えました。

これは、彼が苦労しながらも、越えなければならない壁を乗り越え、自分の足で新たな道を歩き出している姿を表わしていました。

もし、彼が我を張ってそのグループにしがみついていたら、また新たなカルマを背負うことになったでしょう。

しかし、「この経験から自分は何を学ぶべきなのか？」「どんな縁、カルマがあったのか？」「自分はこれからどちらの道に進むのが正しいのか？」と自らに問い、答を見いだして一歩前に踏み出すことによって壁を乗り越えられた。すなわち、そこで気づくべきことに気づいたのです。

今、その男性はこれまでの経験と知識をいかして、精神世界の分野で仕事をしています。

その時は苦しかったでしょうが、今となっては、その時の体験がその後の彼の人生にプラスに働いたのです。

このように、気づけば運命は変えられる。気づけば必ずプラスに転じられるのです。

もしあなたが、今、苦しいこと、困難な壁にぶつかっていたとしても、それがマイナスのままで終わるわけではないことをどうか知ってください。

誰でも、自分の魂が目指している人生の山があります。

そこを登る途中の道は険しく、例え苦しくとも、登りきることができれば、必ず道は開けるし、後は楽になります。

もしも途中、谷底まで落ちたとしても、後戻りはできず、再び登り始めるしかありません。

山頂まで登りきるためには、カルマに気づいて、魂を軽くすることです。

魂が重くては、登りきるのは難しい……。

なぜなら、カルマを抱えたままの重い魂は、我欲という磁石によって暗やみ、すなわち、不幸の原因にしがみついてしまうからです。

幸せという山の頂に至りたければ、カルマという重荷を少しでも減らすこと。

魂が清く、軽やかであれば、多少の苦労はあっても、すぐに頂上まで到達できます。

そこには、あなたがそれまでに味わったことのない幸せと喜びが待っています。

苦労は、それが報われるための準備期間です。

だからこそ、意味のある苦労をしていただきたいし、必ず苦労が報われるその時まで、どうか歩みを止めないでいただきたいのです。

それは小さく、わずかな一歩かもしれません。

でも、その着実な歩みこそが、カルマという重荷を一つひとつ脱ぎ捨てながら試練を乗り越え、
やがては幸せへとつながる道なのですから。

# あとがき

最近は、「自分の欠点に気づいて直したい」というお気持ちで相談に来られる方々も増えている一方で、「自分には欠点はない」「非はない」と頑なに思い込んで、トラブルや問題を引き起こしている根本的な原因や原点を見ようとしない方もまだ少なからずいらっしゃいます。

本文で例にあげた、ひきこもりの息子さんを抱えたご家族のケースもそのようなケースでした。

その原点を透視したところ、息子さんがひきこもるようになったのは、ご両親が息子さんに対してまるでロボットを養成するような誤った教育を強いていた結果でした。神が見せてくれたのは、その母親が大変激しい気性でありながら、ご本人にはまったくその自覚がなく、息子さんに対しては虐待とも思えるような仕打ちをし、平然としている姿でした。

息子さんは、親の意のままにずっと〝いい人〟を演じているうちにやがて限界が訪れ、その結果、心を閉ざして部屋の中にひきこもるようになってしまったのです。

そこで、私が「息子さんのひきこもりの原因は、何でも親のいいなりになるロボットのように育てようとしたご両親の育て方にあります」と伝えたところ、父親はすぐにその原点に気づいて反省をされました。

さらに、「特にお母さんは大変激しい気性のようですね」と私が指摘したところ、父親と一緒に来られていた娘さん（息子さんのお姉さん）は、我が意を得たかのようにうなずいていたにも関わらず、当の母親は、「私は大人しい性格で、私ほどやさしい人はいないと思う」と平然とした表情で言われました。

横でそのやりとりを聞いていたお二人は、母親のその言葉を聞いて思わず失笑するほどで、私もあまりにもご本人の認識とギャップが大きくて唖然としてしまったのですが、母親にはまったくその自覚がありませんでした。

息子さんがひきこもりを起こすようになった原点について、私がいくら説明をしてもがんとして自分の非を認めようとはせず、父親も娘さんもほとほと困り果てたご様子でした。社会的地位が高いご家系のようでしたが、母親は自分のプライドに必死でしがみついているようにも見えました。

幸い、父親だけでも自分たちの子育ての間違いを素直に認められ、娘さんも母親の問題に気づいていたことから、何とかご家族の支えによって息子さんが改善されていかれることを願うばかりですが、この母親のように「自分の非を認めない」「原点を知ろうとしない」ことが、問題の原因に気づけない、がゆえに欠点を直せない〝大きな壁〟になっているわけです。

いくら社会的地位が高くても、また、どんなに高学歴でエリートコースを歩もうとも、「自分の非を認めることができない」「物事の原点を見ようとしない」「原因に気づけない」としたら、それは物を知らないことと同じ、すなわち、無知であると言っても決して過言ではないでしょう。

このように、気づきを妨げている心の不足という〝見えない壁〟を自分自身で乗り越えることが、カルマを解消・克服することです。

本文でも述べたように、この世においてカルマを乗り越えられなかった魂は、死後、同じような魂を持つ親のお腹に入って、再びこの世に転生してきます。

つまり、人生というのは、魂の未熟さを補うための修行期間であり、カルマを克服できなかった魂は、同じような魂と縁が結ばれ、正しい心のあり方について教えることができない親の元に生まれてくるのです。

人として何をしてはいけないか、何をしなくてはならないか、善悪正邪について親から教えてもらえないが故に、人生において苦しみを味わい、その苦しみの中でもがきながら身を持って正しい心のあり方を自分で覚えていく魂の修行を強いられるのです。

この世に生まれてきたということは、多かれ少なかれ誰もがそのようなカルマ、課題を抱えており、だからこそ人生の苦しみを味わうことになるわけです。

苦しみから逃れるためには、カルマから逃げずに、根気よく向き合いながら、自分でカルマを乗り越えていくしかなく、お釈迦様が「人生は苦である」と言われたのも、この世に生きる私たち一人ひとりが、過去世において直せなかったカルマを背負っているからに他ならないのです。

とはいえ、その苦しみは決して無駄なものではなく、魂を磨くために欠かせない研磨剤です。

魂を鉄の球に例えるならば、鉄球がすべてサビきっている人や、反対に全部ピカピカに輝ききっている人は、この世にはいません。多かれ少なかれサビが充分に取れていないから、それを削り取るために転生してきたわけです。

サビとは、自分の非を認めない思い上がりや我欲、欠点やいたらなさといった心（スピリット）の汚れであり、欠点に気づいて直すことがサビを削ることにつながります。

山あり谷ありの人生の中で、その地道な作業を続けるによって鉄球（魂）の輝きは確実に増していきます。さらに、輝きが増すにしたがって球が反射する光も大きくなり、その輝きそのものが周囲の人にとっての気づきを促すことつながります。

身近な家族やパートナー、友人や仕事仲間などは、同じようなカルマを持つ修行仲間だからです。

少しでも自分自身の球の輝きを増せるように、サビを一つ一つしっかりと取り除いていく…。そのような心がけが幸せロードにつながり、そこには揺るぎのない幸せと、その人ならではの役目が果たせる場が与えられるようになるでしょう。

そのような幸せロードを歩むのか、それともアン・パッピーロードへと迷い込んでしまうのか。

それはあなたの心がけ次第です。

たとえ今、あなたが苦しみのどん底にあろうとも、あなたの心がけ次第でそこから抜け出して幸せをつかむことはできるのです。

そのためには、美しく輝ける球を目指して、己の魂(心)を磨き続けられるかどうか……。

幸せロードに向けて、あなたが一歩踏み出されることを心から願ってやみません。

木村　藤子

# 幸《しあわ》せになる人《ひと》の心《こころ》がけ・心《こころ》がまえ

2013年6月10日　第1刷発行
2013年9月4日　第4刷発行

著者　木村藤子
発行人　河上清
編集人　鈴木昌子

企画編集　椎原豊
編集　小笠原英晃
デザイン　谷口博俊（next door design）
撮影　川村光雄（むつ市在住）

発行所　株式会社　学研パブリッシング
〒141-8412
東京都品川区西五反田2-11-8

発売元　株式会社　学研マーケティング
〒141-8415
東京都品川区西五反田2-11-8

印刷所　中央精版印刷株式会社

◎この本に関する各種お問い合わせ先
【電話の場合】
○編集内容については
編集部直通　03(6431)1520
○在庫、不良品（落丁、乱丁）については
販売部直通　03(6431)1201
【文書の場合】
〒141-8418　東京都品川区西五反田2-11-8
学研お客様センター『幸せになる人の心がけ・心がまえ』係
◎この本以外の学研商品に関するお問い合わせは左記まで。
学研お客様センター　03(6431)1002



学研の書籍・雑誌についての新刊情報・詳細情報は、左記をご覧ください。
学研出版サイト　http://hon.gakken.jp/

木村藤子の幸せになるための本

# 幸せになるための「気づき」の法則

本当の幸せをつかむために、いかに気づき、生き方を変えていったらいいのか、「青森の神様」がその具体的方法を説いた一冊！

（本体1200円＋税）

# 神様に愛される生き方・考え方

すべての人の幸せを願っている神様に愛される生き方をすることこそが、真の幸せへの道。「青森の神様」がやさしく導きます。

（本体1200円＋税）

# 生き方を変えるしあわせ練習帳

木村藤子の「気づきの法則」を自ら実践できる練習帳が誕生。さあ、本書で幸せになるための練習を始めましょう！

（本体1200円＋税）